第1個老師

快樂的孩子最富有

孫韻嵐 著

用心陪孩子快樂成長

南科國際幼兒園 園長 林秋娟

訪問有許多的教養叢書或育兒寶典提供給現代父母養育下一代的參考，但請大家相信那只是個經驗法則而不是唯一的方法或真理。或許可以說這些專家學者所說的理論或技巧，提供給身為父母者省思自己的育兒之道吧！

本書的作者以當媽媽的角色，紀錄許多他們親子間的互動。生動活潑、快樂有趣的點點滴滴，似乎就像在每個家庭中常發生的親情事蹟般，當你品味到每個篇章時，你也可能跟我一樣，頻頻點頭、莞爾一笑。每一段的內容就像一篇生活小故事；每一則小故事也會讓人有所省思家庭教育的價值與功能。當我們在晉升人父、人母時，對於教養下一代總是依著心中美麗藍圖而進行，但這過程常出現不同的變化或阻礙，影響我們（尤其母親）育兒的心念與動力，這時家人（尤其父親）給予的支持或協調就顯得重要了。

「為母則強」這句話真是經典啊！當一位女人躍身為「母親」這角色後，就已不再是柔弱女子稱呼了，對於捍衛自己的家庭足以「鐵娘子」來尊稱之。作者是一位全職媽媽，用完整的時間陪伴孩子成長；用最堅強的心來經營親子的關係，尤其是家中有了第二位小孩後，心思細密的營造手足情誼，讓老大感受到當姐姐的重要；讓弟弟知道有姐姐的好。這種別人無法取代的手足親情，相信只有當過兄弟或姐妹的人才能貼切感受得到吧！像我就是啊！我有兩位兄長，現在我也有一對兒女，回憶過去又看看現在兩位小孩的互動，深深感動「我們的傳家寶」真的是家庭的潤滑劑，孩子間的互動更是家庭最甜美的滋味！當然這些美妙的事還是需要靠父母的智慧，巧妙的運籌帷幄囉！因為……羅馬非一日所成；辛苦的付出才得美好收穫呀！

教養孩子的過程中不可能樣樣如願或事事順遂；更不用要求孩子十全十美或科科一〇〇分，因為讓自己有空間呼吸；讓孩子有時間成長是很重要的。本書的第三章就分享了許多的例子，似乎跟許多家庭的經驗很雷同，舉凡吃飯的問題；如廁的訓練；情緒與健康的表現……等，這些的「媽媽經」就是我們育兒的葵花寶典，孩子與父母總是在每個成長過程中「做中學；學中覺」，不斷的在嘗試錯誤中修正與更上一層樓。父母是最了解孩子的氣質表現；孩子也最懂得父母的個性能耐，教養的開明或嚴格；態度的堅持或自由，驗證了親子奮戰後的成果，而這結果就是孩子的「態度」、「習慣」與「行為」的建立，也正是塑形孩子品格的根本。

現代父母對育兒的『撇步』不再瞎子摸象，有很多可參考的育兒叢書或媽媽經傳授，而我對此書按一個大讚的地方是……每一節文章之後列出了許多「繪本推薦清單」，提供大家品閱。親子共讀是現在推動的全民活動，我是一個從事幼教工作的職業媽媽，也一直在推動與力行「親子共讀」，相信有書香的家庭才能造就懂事又懂理、正向思惟的孩子。「好書」、「推薦好書」……大家一起來吧！

懂得下棋的規則，就能夠下一手好棋嗎？

資深媒體工作者　洪榮志

過去，閱讀是取得知識的主要途徑，但有愈來愈多的學者主張，知識得靠實作（practice）體會，無法單憑閱讀獲得。實作知識的支持者，最常引用的例子就是下棋；但我認為，養兒育女也是很好的實作知識典範。

如果將養兒育女視為一種知識，應該沒有人天生就懂。絕大多數的父母都是邊做邊學，靠著與孩子的互動，不斷累積出實作經驗來。也因此，不同的孩子會有不同的狀況，父母的教養方式也該不同。問題是，資訊取得便捷的網路時代，新手爸媽們往往照本宣科養兒育女，卻因孩子的反應不若書本或自己預期，經常手忙腳亂無所適從，甚至自怨自艾。深究其因，無非是父母不瞭解每個孩子都有其獨特性，病急亂投醫所致。

如果理解養兒育女是一種實作知識，那麼當我們閱讀韻嵐的這本親子書時，就能夠調整視角與心態，循著她與孩子互動的軌跡，汲取幫助孩子快樂成長的小技巧，再透過參與實作，進而培養出專屬的養兒育女之道。

我與韻嵐同事時，她仍就讀文藻外語學院，是一名半工半讀的小女生。儘管她的工作內容十分瑣碎，但她總是認真負責做好每一項小工作，自我要求甚高。從她的工作態度，當時我就斷言，未來在職場上，她也一定會有亮麗的表現。果不其然，如今的她，因為與孩子互動的部落格文大受歡迎，獲得出版社的青睞，邀她寫書、分享經驗，即將晉升親子作家之林。我唯一失算的是，她發揮的場域不在職場，而是在家庭，但同樣出色。

韻嵐因家庭因素很早就獨立生活。原本想去西班牙留學的她，更因結婚而調整人生。婚後的她，辭去工作相夫教子（女），陪孩子一起成長。養兒育女本來不是她的專業，但她重視細節，凡事親力親為，全心全意扮演好媽媽的角色。或許也因此讓她得以從與孩子的長期親密互動中，不斷反思、累積，進而培養出自己專屬的實作育兒經來。

看到她與孩子每個互動的小故事，不禁讓也身為父親的我感到汗顏。我想，就是因為這份認真的態度，才讓韻嵐的身分，從新手媽媽逐漸轉譯（translation）成為親子作家，甚至朝親子專家的道路前進中。

我不是名人，也不是親子專家。當初韻嵐找我寫推薦序時，我曾希望她「另請高明」。但在她動之以情下，只好硬著頭皮、紅著臉撰文。我想，我推不掉的不是過去的同事情誼，而是出於對一位出色新手媽媽的支持與鼓勵。如果閱讀本書的新手爸媽們，也能從書中獲得一些與孩子互動技巧的啟發，甚至能夠調整習性，學習韻嵐養育兒女的認真態度，我相信，這就是本書對親子最大的貢獻了。

一起來體驗親子「心安」奇幻之旅吧！

資深兒童服務社工員　張玉靜

還記得獲得奧斯卡獎李安導演的電影「少年pi的奇幻漂流」處處充滿驚奇冒險和愛的體驗！偶爾會出現這樣的電影，讓大家眼睛為之一亮；偶爾也會出現一本書，可以緊緊捉住您的心，韻嵐的「快樂的孩子最富有」就是這樣的書。

更令人驚喜的是這絕非只是一本親子教養書，而是一位母親愛的延續（在我看來有二位母親的愛蔓延開來…，另一位是韻嵐的母親，也是我所認識「有智慧」的母親，誠如韻嵐在文中「我的媽呀」提到的母親「走在時代尖端，活力十足、想法天馬行空又樂善好施的母親~總之那首形容母親的現代詩，讓我點頭如搗蒜的哈哈大笑著~~）。

「愛是需要智慧的」從重新認識母親開始，不管發生什麼事只要找到媽媽就覺得心安，就值得和大家一起來分享「快樂的孩子最富有」了。

這本書從一開始就吸引著我，記錄著韻嵐從「我絕對沒辦法想像有這麼一天起」，從她掙扎、緊張到可以細微的觀察孩子的氣質、個性並融合專家經驗中學習「媽媽怎麼當」，用心體會並創造出最適合自己的親子教養方式。

誠實且直率的與大家分享孩子的成長過程不知道會演奏幾回合的精彩三「不」曲，不吃飯、愛生氣～～還有「看牙齒」的害怕「不總是美麗」生活經驗中，巧妙地結合她的「美麗」教養經驗，還有貼心的「繪本推薦」及「和孩子一起玩遊戲」，在寓教娛樂中一起陪伴家長在教養中找出共同成長的好工具、創造好經驗、連結好時機。

另一個令人感動推薦的理由是「孩子，是傳家之寶」，兩個孩子活潑有趣的互動，富有想像力、創造力所做的令人發笑的事及和家人互動的方式，都在母親施展魔力同時，讓整個家庭動力熱活了起來。

再者母親對待家人的每一分愛，她總是細細的咀嚼著，即使在跌跌撞撞的成長過程中，她用溫柔的言語和「感謝的心」寫信給自己和親愛的媽媽們，也感謝她的父母親、孩子、孩子的爸爸，說到「爸爸」這位特別的人物～想要看看「爸爸」變身後是什麼模樣呢？

是砰！爆炸爸爸嗎？還是天下無敵鐵爸爸呢？緊接著就請您好好的扣緊安全帶，歡迎您進入親子「心安」奇幻之旅！祝福您旅途愉快哦！

當了父母懂了愛

交完稿的這些天恰好是母親節的前一個禮拜，學校裡老師帶著折花做卡片，電視上廣告不斷地都在強打媽媽真偉大的話語，我們家的姊姊壹個人坐在一旁在一張白紙上又畫又寫地，她本來就喜歡畫畫，我當然也沒特別注意，不一會兒她滿臉神秘地跑過來，把手上的紙張對折起來送給我，中間畫了一個大大的媽媽，打開來她用注音寫了三行字，（媽媽謝謝你煮飯給我吃，母親節快樂，我愛你，希望你很快樂）。

一讀完這幾行字，不誇張比劉雪華十秒落淚還厲害，我立刻就摟著她哭了，這比去年她拿著門前摘的小花，對我畢恭畢敬一鞠躬祝我清明節快樂要進步太多了，看我竟然感動到哭出來，一旁的弟弟有點吃味地說道：「為什麼我都不會寫字？」言下之意頗有點為自己抱屈的意思，明明在他的心裡他才是最愛媽媽的人呢！呵，知道有人是如此不計代價地深愛自己，無論如何都很難變心，這真是我最大的安慰呀！

在寫這本書的過程中，我一度很沒有信心，畢竟我並不是什麼有名的親子專家，書中寫得都不是些最新的研究理論，也不是一些知名藝人能秀出良好基因的寶貝，我只是一個和萬眾母親一般，在每天每日團團轉的家事瑣事中，仍然堅持親力親為為孩子付出，和他們一起成長，若真要說我有什麼不同，我想應該就是第一個笑點很低，特別容易在平凡日子裡覺得快樂，

第二個哭點也很低，（看上面例子就知道了吧）因為彼此間互動的小感動都讓我覺得幸福不已，於是我想，其實親子專家藝人媽媽何其少？但母親的人數卻無法計算，像我們這樣普通的媽媽或許沒有很會賺錢的能力足夠請保母清掃阿姨來幫手，自己只需專心育兒，也可能無力負擔高貴的潛能開發課程，讓寶貝贏在起跑點，有些時候還得拜託一下整日忙於工作的爸爸加入育兒陣線聯盟，僅管沒有豐富的資源，可是我們絕對不會少的就是，為母則強的堅持和比變色龍還強的應變能力，邊騎腳踏車就能邊認識植物，自己做串珠就能訓練手部小肌肉，最重要的是因為幾乎都是一個媽媽對上少數幾個娃娃，還能因著每個人不同的習性和脾氣給予獨特的照料和教養，這樣比起來其實我們也算非常厲害！是吧？

在這本書中分享的都是經由我和小新爸親身實驗，一再修正和檢討的育兒妙方，如果能在某一個小小事件上幫助到一對父母，那我腰上這因打字久坐的大肚楠就肥得非常值得了。

contents 目錄

Chapter 2

有手足不孤單　049

Chapter 3

不總是美麗　083

contents 目錄

Chapter 1
媽媽的掙扎

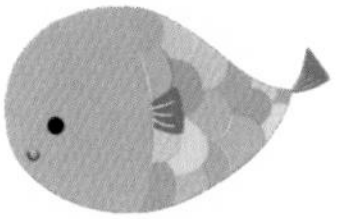

兩年前的我絕對沒辦法想像會有這麼一天，時間再往前推一點來到六年前，畫面變成一根驗孕棒，那時候才二十六歲的我只能說我都分不清是頭上的三條線明顯，還是那短短的兩條線清楚？

啥咪？！媽媽怎麼當？

本來我以為學習當媽媽看書就夠了，可是沒想到隨著肚子越來越大卻也越看越緊張，總覺得好像都還沒準備好。

我已經坐在沙發上連續看了三十分鐘的書，我家的五歲姊姊資靚帶著三歲弟弟孜文對坐著玩拼圖，那是一本閃電麥坤拼圖書，弟弟每拼對一片，姊姊立刻大聲鼓勵，待那十來片都拼好了，姊弟倆還興奮地站起來振臂高呼，這是真的嗎？時間再往前推一點來到六年前，畫面變成一根驗孕棒，那時候才二十六的我只能說我都分不清是頭上的三條線明顯還是那短短的兩條線清楚？

大學時期我讀的是文藻外語學院西班牙文系的夜間部，白天在中國時報的地方中心工作，外語和新聞行業是我一直努力的目標，我和好朋友還訂下了畢業後要到西班牙遊學的心願，於是我白天工作晚上認真念書，總算是好不容易地存下了一大筆旅費，之後我們如願以償地到了西班牙，著迷在那個古老的大學城裡，推開半圓形的城堡木門和同學捲著舌頭上課，冷冷的天氣穿梭在班駁城牆的巷弄中喝一杯暖手的咖啡，坐著過夜巴士遊遍西班牙，最後的一個月還當了三十天的背包客，巴黎羅浮宮、德國新天鵝堡、羅馬競技場，雖然每天都只吃得起麵包夜裡睡的是青年旅館的大通舖，但是年輕的心因為一直受到感動而心滿意足。

結束了異鄉生涯回到台灣才正要開始繼續打拼自己的職場夢時，卻發現天呀我懷孕了！那一剎那間對我來說真是晴天霹靂也不為過，當然除了我之外的其他家人們，個個歡欣鼓舞，我那搜集了百隻以上可愛豬仔娃娃的媽媽對即將有個小金豬孫兒興奮不已，還有那種只看了一次超音波照片就開始物色小寶寶衣服的表姐妹，孩子的爸當然也是開心到說不出話，於是這一切就在意外慌亂中定案。

十個月後請準備當媽媽吧！

從小我就是在書堆長大，有什麼疑問都是翻書找答案，尤其對不熟悉的事物總覺得會有看有保佑，懷孕以後當然也不會改變，畢竟要怎麼當媽媽我可是一頭霧水，於是各式各樣的育兒書籍以迅雷不及掩耳的速度攻占了我的床頭櫃，每天睡前要翻的書從偵探小說轉變成胎教黃金書，心裡想我一定要好好利用這難得的十個月為肚裡的寶寶玩一玩，是說雖然已經有許多的實驗都證明胎教的功效，但是實際實行起來難免還是有些難為情，就以非常有名的史生迪克胎教來說吧！

這個方法是要父母每天持續對胎兒描述生活中的一切，比方說：

早上起來要說：

哇寶寶早安，今天真是陽光普照的一天，你看窗外藍天白雲綠地成蔭。

喔 你看天空飛過一架波音七四七，前方路口左轉過去一台小卡車。

中午我們喝的這碗是鱸魚湯，媽媽幫你喝一口很好喝吧！

吃過飯，我們還要來讀一點東西，

來跟著媽咪唸：

中文課 ㄅㄆㄇㄈ

英文課 來來來 一起來唱字母歌

西班牙文課 Hola mi amigo

據說這一對夫婦以此方式培育出四個智商高達一百六以上的子女，你說如果不知道就算了，可是這樣一個好方法擺在眼前要是還裝傻那可就很對不起自己的良心，只是要持續這樣一路唸下

在日不能休 夜不能眠時 唯一娛樂是捉弄小孩。

去實在需要點勇氣和旁人的協助，（其實就是拖大家下水啊）。

所以那時候常常看到一個愛女心切的媽媽拿著字卡喃喃自語，一旁在上網的爸爸眼睛都沒離開過螢幕嘴巴卻還是會跟著複頌一遍，我想要是有外星人飛過我家窗外，一定會覺得這地球上的人們競爭還真大，小孩都還沒出生爸媽就瘋了！哈哈哈，當然其實我也沒有抱著小孩八歲就可以讀大學的心態，只是抱著不妨一試的心態想做點準備！

除了緊張還是緊張

本來我以為學習當媽媽看書就足夠了，可是沒想到隨著肚子越來越大卻也越看越緊張，總覺得好像都還沒準備好，尤其是一些常出現在嬰兒與母親雜誌上那些有點熟悉但又陌生的玩意，像是奶瓶、消毒器，奶瓶保溫罐、嬰兒用指甲刀等，這些東西都還算是平易近人知道用途，但像有一些東西 就真得搞不清楚啦！例如誰能告訴我，奶嘴和安撫奶嘴，奶瓶和防脹氣奶瓶這是有啥不同？

還有些妙東西更是讓人丈二金剛摸不著腦，像是有個發明是幼兒無線體溫偵測器，整個的設計概念就是說把子體溫器綁在寶寶身上，這樣媽媽無論到了什麼位置，都可以從母監視器上看到寶寶的體溫，我個人覺得這根本就是一個嚇媽媽的設計。

你知道掛上去以後媽媽三不五時就得拿起來看看，喔現在體溫三十六度正常可以微微笑，但要是有個調皮寶寶把他踢掉了或電池沒電了，你就會看到一個臉色發青手腳發抖嘴角歪斜的女子以光速衝向baby房，最後證實是虛驚一場只落得全身無力腦細胞死光的下場，可怕的程度簡直跟babycall不相上下。

想想看整晚監聽另一個房間的動靜，難保不會聽到好兄弟的聲音，就算沒做虧心事，要是聽到床母娘娘在唱枕邊曲給寶寶聽，這是要媽媽過去同樂？還是在被子裡嚇得半死？這真的是太為難了！

我想要當媽媽好像真的不是那麼簡單呀！

我的媽呀！

我期盼能教出善解人意、樂觀、懂得照顧自己和關懷他人的孩子，那麼至少在媽媽成績單上我或許就及格了。

曾經在電影台看到一部老片，片名是《喜福會》，這是由華裔美藉譚恩美的同名小說改編而成，它的時空背景是國共內戰末期，四位在當時中國傳統社會備受欺凌的女人們不甘心屈服於低賤的命運，努力地尋求轉變，期盼在逃至美國後能給予兒女一個全新的生活環境，但是隨著下一輩的年紀漸長，母親們卻沉痛地發現女兒似乎陷入以往的包袱，眼見就要重新寫下新的悲劇時，母女在此刻藉由剖析自己的過去希望能因此帶給女兒面對未來的自信和勇氣。當時坐在電視前的我邊看邊落淚，因為我想起我自己的媽媽。

我小學二年級時就走在時代尖端，我的意思當然不是說像LADY GAGA那種以充滿衝突的時尚感立足，而是在那一個還很少人離婚的年代我就已經成了單親家庭的小孩。

我還記得有一天在剛轉學不久的新學校，我坐在教室裡忽然看見一個熟悉又陌生的身影，長長的睫毛細細的跟鞋，喀踏喀踏地走在學校的走廊，對比起上課時的安靜那聲音特別響亮，沒有多想我立刻把書架高壓低身子躲進小小的角落，非常不想要被老師叫起來到門外去，因為我知道下一節下課一定會有很多人圍著我問：

「為什麼你媽媽要來學校找你呀？」

「因為我爸爸媽媽離婚了」

「離婚？什麼是離婚阿？」

我不知道當時沒有被發現是幸還是不幸，可是那時候媽媽臉上失望的表情卻是我所能想到最傷害她的一件事。

重新開始

嚴格說起來，我是十年前搬出家自己生活開始才重新認識我的阿母，認識一個充滿活力、想法天馬行空又樂善好施的人，雖然我們的時間長度落了一大段，深度卻在不斷地向下延伸，不管發生什麼事情只要找到媽媽就覺得心安，大學的時候有一門藝術賞析的課要寫一首小短詩，我以媽媽為主角寫了這首詩。

五歲的時候　我有一個看不見的媽媽
她出門上班時我在睡覺　她下班回家時我又已經睡著了
十歲的時候　我有零個媽媽
她牽下一張紙　帶著妹妹離開了我
十五歲時　我有半個媽媽
她悄悄地來看我　留下滿臉龐的淚
二十歲時　我要回了變成別人媽媽的媽媽
她還是很忙碌　我還是自己住
她變得開朗　熱情又頑皮
我說我要把頭髮染成藍黑色　她跟設計師說這孩子要染寶藍色哪
三十歲時　不知道我會有怎麼樣的媽媽
呵　多虧了眼袋和細紋　現在的我可以補上當時的解答

三十歲時　我媽媽升級為阿嬤
她頂著最酷的全白頭髮到夜店玩上stage
看電影帶了九條地瓜當零食
清晨練氣功　下午當志工　晚上還要趕場學才藝
她是我最堅強的靠山　最大的依賴
不管到了幾歲　她都是我最愛的媽媽

媽媽山；原來是靠山

成為媽媽以後的我，心理最希望的當然是也可以成為兒女們最棒的靠山，因此從大女兒資靚瓜瓜墜地的那一天起，我的心情就是非常戒慎恐懼的，因為我不再是步入產房前那個只要抓起鑰匙就能消失不見消遙去的人，也不能耍任性或偷懶地睡大覺，我是一個小女娃和小男孩仰望的媽媽，我的聲音和懷抱是他們最安全的避風港。

她的每一次回頭都會因為看見我而心安，他的小眼睛看著我的一舉一動學做人，模仿我的聲音學說話，長大以後她會聽著我的建議讀書、上學、交男朋友、結婚生子，他們會深深愛我卻也會和我有無數次的爭執，我的一生因為他們而改變，我開始更注意自己的一言一行，做一個好的榜樣，我把握每一個事件給予不同的機會教育，我甚至留心起我的健康期盼能陪他們多一點的時間，姊弟倆的一生也將深深受我影響，即使有一天回頭時已看不見我，那留在心底的情感卻永遠也不可能消失。

我的女兒和兒子這短短幾個字，卻搭載著最甜蜜又最沉重的負擔，像這樣的重責大任只能靠著一次又一次的學習來修正，期盼能教出善解人意、樂觀、懂得照顧自己和關懷他人的孩子，那麼至少在媽媽成績單上我或許就及格了。

要繼續去打卡嗎？

本身如果很有事業心，真的不需要勉強辭掉工作，但對於寶寶的照養就需要有一個完整且放心的配套措施，一個和你有相同育兒理念的保姆會是妳的得力助手。

小學一年級時鑰匙兒童這名詞剛剛開始流行，再一次地我又走上了時尚的尖端，是不是因為一直走在這麼細的尖端所以本人平衡感才這麼好呢？才不是勒！

那時候我可是很害怕的，從學校到家裡的路程很近，頂著中午時分南台灣的豔陽走路我一點都不覺得熱反倒是手腳冰冷，在舊式公寓前的紅鐵門站定後，我總要深呼吸好幾次才能開門，門一開眼神絕不能往右邊那條通往地下室的漆黑車道看一眼，一定要一鼓作氣拼命跑上四樓，一邊跑一邊要注意有沒有人從後方追上，還要提防二、三樓的鄰居會不會開門拖我入內，以我這麼短腿的配備加上不專心的快跑，摔倒成了家常便飯。

一踏空小腿前方就會狠狠撞上樓梯邊的防撞鋼條，擦破皮、流血外加老是退不掉的瘀青幾乎要成了我的正字標記，我想如果當時我知道跨欄的原理或是有個劉翔來當教練，我就不會摔得這麼慘而且蘿蔔也不會這麼大了吧！

唉。好不容易來到四樓家門口，就能放鬆了嗎？不！我更害怕打開鐵門時會有露出長長舌頭的吊死鬼卡在門中央，或是一推開內門會有整隊荷槍實彈臉上還塗滿油彩的人對著我，是的當時每個星期六中午我都有準時收看「中國民間故事」偶爾還會和我老爸一起看「藍波」，豐富的想像力嚇得小小年紀的我每一次回家都像演場恐怖電影，驚恐萬分、心驚膽顫就連在家坐定了也覺得只有我一個人呼吸聲的時間過得好慢好慢。

每天重演一次開門後迎接空無一人的午後，直到有一天，門一打開我聽見深遠的臥室傳來了聲響，一時間嚇得忘了尖叫卻在這時看見我媽媽從裡頭走了出來，我記得我衝上去雙手環住媽媽的腰，覺得好快樂好安心，在那之後又發生了些什麼事其實已不復記憶，可是那種手能圈住的安全感卻一直停留在我的記憶中。

左右為難

生完寶寶究竟要不要回職場工作？一直是媽媽們心中最大的掙扎，倡導親身陪伴孩子渡過人之初的書籍很多，提倡現代女性不應被家庭限制仍舊要找尋自己重心的言論也不在少數，這兩種選擇讓媽媽們左右為難，不得不成為全職母親的人少了薪水肯定覺得好像矮人一截，而顧全經濟因素只得繼續工作的人又憂心自己成了沒母愛的壞女人，倒底怎麼辦才好呢？

我觀察了身邊的眾家姐妹和自己心態轉變的心路歷程，有了一個小小的結論，我覺得這件事最好是看媽媽自己的個性來做決定比較好。

如果本身就是個很有事業心的人，真的不需要勉強辭掉工作，但是對於寶寶的照養就需要有一個完整且放心的配套措施，一個和你有相同育兒理念的保姆會是

他們是家人的心頭寶。

你的得力助手。

或許在一開始只是個嬰兒時你不覺得這有什麼重要，但是隨著小朋友一歲二歲，陪伴者的身教就漸漸在孩子身上顯現出來，是乖巧文靜還是好動活潑，作息時間也有很大的影響，想想若是保姆讓小孩睡了個既長且久的午睡，等你拖著疲勞的身子下班，等著你的是充飽滿滿電力的小娃兒，那可會有多累人。

相反地，要是媽媽是片刻眼神離不開娃娃的人，要真是只帶著身體去上班，但心心念念的卻是那個軟呼呼奶香四溢的娃兒，工作成效也或多或少會受影響。

不過可別以此當做逃避責任的方式，因為所有的全職媽媽都會告訴你，這可真不是好做的工作，一但踏入這行業表示從此以後你再沒有假日，不需要打卡上班同時也等於喪失了下班時間，理所當然可以請的生理假病假通通一起消失，同樣也是很累人的呢。

做好決定就要勇敢前進

選擇那一條路都是有苦有甜，很值得每一個準媽媽仔細地評估後，說到這裡有沒有發現少了一個很重要的角色，沒錯就是婚前是甜蜜男朋友，婚後稱謂則還得看表現來評估的那一位，是咬牙切齒的還是溫柔的喊著的老公。

不管是哪一個，他的意見其實是很重要的，就像做重要決策一般，教養孩子的方式不經過溝通你無法想像會有多麼的南轅北轍，兩個人一定要好好就現有經濟狀況和雙方家庭能提供的支援程度再加上彼此的偏好來做決定，一但決定了就要夫妻同心去尋求其他人的支持，和面對他人的質疑，要成為彼此最好的後盾。

在對方因為育兒而沮喪或疲憊時適時的提供一個轉換的情緒，一定能幫助彼此更為享受養兒育女的樂趣，只是這真是最完美的遠景，要落實在現實生活中可還有很多挑戰得克服，讓我們再一起看下去吧。

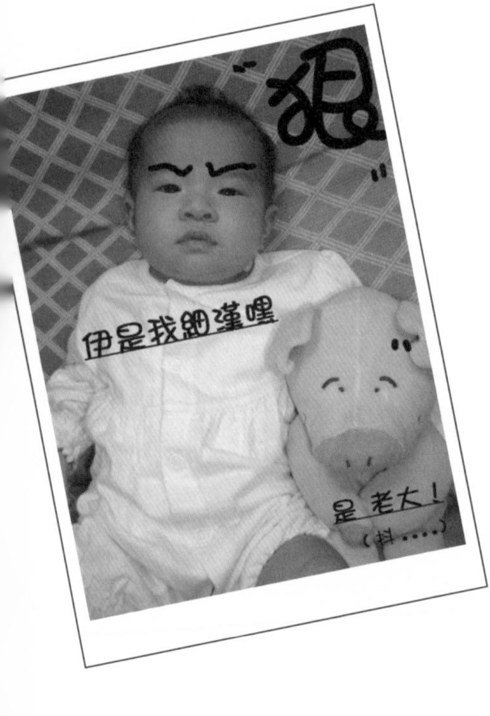

少林還是武當

養育寶寶的頭一年在體力上真的是非常的辛苦，所有人都需要時間去磨合彼此帶來的轉變。

從前的習武之人要開始練武前，通常都會選定一個自己崇尚的門派後潛心鑽研，現代的媽媽在面對剛出生的小娃兒時，也多會尋求各種專家撰述的葵花寶典來研究一番，有一些人主張寶寶一出生就要獨立睡在嬰兒房，哭的時候千萬不能抱，訓練他不哭時才能得到媽媽擁抱的獎賞。

另有一些人卻恰恰相反認為十足的懷抱能給嬰兒安全感，抱在媽媽左胸前的娃兒會因為聽到熟悉的心跳節奏而穩定情緒，說來你或許不信，但在大女兒出生時，我和孩子的爸正好分別是這兩個門派的堅定擁護者，為了究竟該聽誰的不止一次大起爭執，衝突不斷，回想起來那真是一段黑暗的時光。

睡覺很難嗎

牆上的時鐘已經指著十二點，我的房間依舊燈火通明，電視還盡職盡責地演著，我懷裡抱著資靚走過來走過去，好不容易她似乎閉上了眼，但是只要輕輕放到小床就又是一陣哇哇大哭，只有我一個人時還可以忍耐，就算有時候會賭氣地任由她哭，終究還是妥協讓步。

可是爸爸回家時情況可就不一樣了，那時候因為工作因素住宿舍的老公三天才回家一次，或許是少了熟悉感，資靚對爸爸的懷抱很不捧場，不忍小孩一直哭的我總會趕快接過手來，沒想到差點因此鑄下大錯。（詳見爸爸篇）

跟大多數的人一樣，一開始和寶寶的第

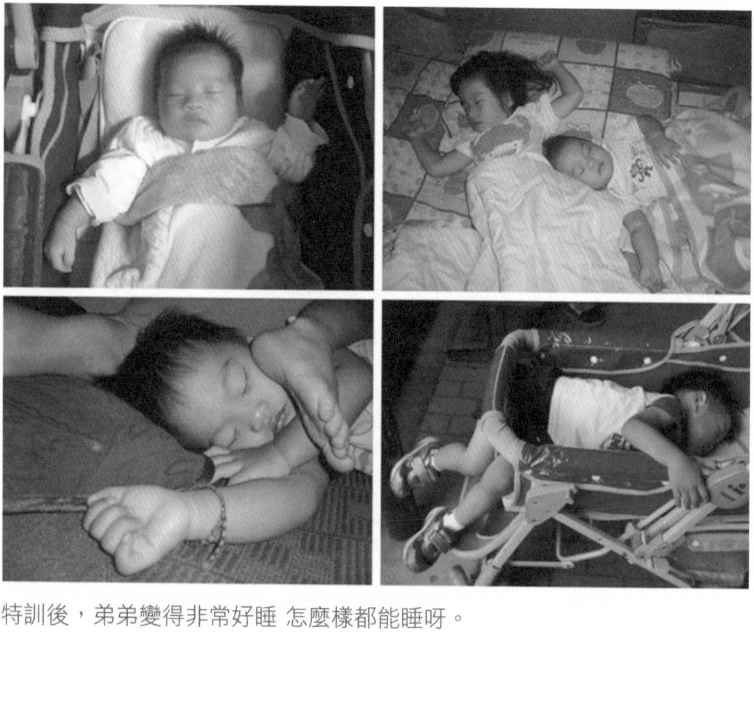

特訓後，弟弟變得非常好睡 怎麼樣都能睡呀。

一場比賽就是睡覺，也就是幫嬰兒調整他們的生理時鐘，我們媽媽比起習武之人幸運很多，不需要對哪一門哪一派誓死效忠，反而可以吸收各家精華靈活運用。

在媽媽一年班連連被KO的我升到三年班時，功力已大為進步，老二從醫院抱回家還不到滿月就能配合姊姊的作習，早上八點起床中午睡兩三個小時的午覺，晚上九點上床後就能睡到天亮，雖然中途還是會起來喝奶，可是過程不吵不鬧，眼睛都沒睜開地靜靜的喝，喝完又接著繼續睡，和老大的情況對比起來簡直是從地獄來到了天堂，當然我不像哈利波特會施咒語，可是這等功力卻可能是可以解救新手媽媽的魔法阿。

動動手腳讓你輕鬆睡

經過我自己把專家們教導的方法融會貫通後，找到了一個對我來說很有效的做法，小嬰兒在媽媽漆黑的肚子裡待了十個月根本沒有所謂白天黑夜的認知，我們父母要做的正是為寶寶提供一個正確的示範，早上起床後我會立刻拉開窗簾讓光線瞬間改變，這是給小孩的第一個信號，告訴他有什麼事要改變囉。

接著我會把他抱出房間，讓他再接收到其他的刺激，可能是家人說話的聲音姊姊的逗弄或是音樂的聆聽，媽媽要正對著寶寶說話和他有眼神的交流，並且使用胎教的方法持續地和寶寶交流互動，其中嬰兒手語也是很值得父母花時間教育嬰兒的工具，到了晚上步驟就要相反過來，建立一套就寢的流程，或許是洗個熱水澡加上床邊故事，之後就要讓房內氣氛進入夜間模式，父母保持安靜不用言語哄騙也不要有眼神的交流，就算需要夜奶的時候也是如此。

第一次讀到不要和寶寶眼神交流時不瞞你說，我立刻笑了出來，心想這什麼怪方法難道要轉過頭去不要看他嗎？就連我已經練就此功夫想傳授給好姐妹時也是被笑聲給打槍，但是實際和小嬰兒相處下來，我發現其實這是有根據的。

道理很簡單，說的白話一點，貝比在剛出生要養成正常作習的這段時間是無法理解複雜的語意的，如果用一模一樣的音調，他們很難理解你是在說寶寶快睡，還是是快起來玩喔，爸媽要明確地表現出兩種不同的行為模式，好讓貝比可以區分，玩樂的時間爸爸媽媽會看著我跟我說話又唱歌，可是如果不可以講話的時間就是要睡覺囉，相信我這真的很有效。

容我偷說下其他家人的壞話，在小孩要睡覺的時間，常會有人開門進來偷看，不但是要看一眼，還不忘說乖乖乖快睡喔！只要短短幾秒鐘寶寶就會立刻察覺，左轉右看地尋找聲音的來源，那個當下要是我不趕快深呼吸真怕自己會忍不住跳起來飛踢對方，隔天還上報，標題是『新手媽媽產後憂鬱性情大變殘暴對家人』。呵！呵！聽起來很搞笑的內容其實是媽媽用黑眼圈換來的。

真的曾經連續很多天照顧嬰兒的人都能明白，只有他們睡著以後才能稍微放鬆休息一下，尤其現在很多小家庭就只有爸爸媽媽加小孩，白天另一半工作去了媽媽整天對著軟香的嬰兒，雖是可以親眼見到寶貝每天的成長和變化，可是那種疲憊卻真的不輸給任何人，特別是在仍需四個小時就餵奶的階段，不只是嬰兒在學習調整作息，就連成人也需要適應三個小時就醒來一次的轉變，眾所皆知無法睡飽究竟有多痛苦。

所以媽媽們真的要強硬一點要求其他家人一同配合，以我來說是將電視和電腦都請出臥室，軟硬兼施地跟先生灌輸，家對你來說是結束工作放鬆的地方，所以我可以理解你會覺得整天都在家的我一直在休息，但其實不是這樣的喔，家裡就是我的工作場所，快幫忙塑造出讓寶寶可以安穩入睡的地方，這樣我才能下班呀。如果老公是屬於只接收直接訊息的人，那就更棒了，只要直接說你把這些搬出去不要吵他睡覺，我就不會天天發脾氣囉。

創立自己的門派

養育寶寶的頭一年在體力上真的是非常的辛苦，所有人都需要時間去磨合彼此帶來的轉變，只堅持某一種理論毫不讓步，專家們也不會因此跨進你家伸出手幫忙照顧，只有找出最適合自己和另一半的方法才是上策。

我和先生在這一年吵架的次數大幅上升，甚至可以說是超過往後好幾年的總合，為了對方在我洗澡時讓寶寶大哭十幾分鐘，為了先生總覺得要配合嬰兒作習無法隨心所欲，任何一點芝麻蒜皮的小事都能引發一場戰爭。每次只要看到或聽到先生露出一副為什麼你搞不定小孩的表情，人家誰誰誰家的嬰兒都丟了就睡，或是為什麼老要配合她的時間等等的話語時，那種氣憤簡直像火山爆發一樣強烈，當時我最大的心願就是去練武功，不是那個「嗶嗶嗶」的練舞功，而是真的可以使出什麼佛山無影腳、七步流星槌之類的。

如果要練成這些招術太難那麼至少也可以拿狼牙棒狠狠地敲對方一番，唯有如此才能洩我心頭之氣，幸好就像嬰兒會長大一般，夫妻之間的衝突也會因為不斷地磨合後好轉。

如果正在讀書的您是位準媽媽那麼恭喜你還沒有體會到因為體力大透支連帶情勢也受影響的感受，但是假設您已經是新手媽媽那麼或許已經點頭如搗蒜，心有感感焉，所以快創立自己的門派！唯有如此才能感受到嬰兒帶來的溫馨呀！

看著睡著的小娃兒，好幸福啊。

母乳訓練班

在一開始想要刺激乳房分泌出奶水，
從無到有的過程可說是一把眼淚也說不盡。

還在懷孕期間我就已經打算要當個全職媽媽順便餵母奶，那時以為餵奶這件事應該很簡單，只用順便兩個字就帶過，而且它是跟在生產以後才會報到，我天真地以為只要闖過生小孩這大關，應該沒什麼事能難倒我，覺得會像書上說的一樣，大腦會分泌足夠寶寶喝的奶量，省錢又好處多多。

等到生產完來到哺乳室才發現，我真是想得太容易了，書中說的雖然全都對可是在一開始想要刺激乳房分泌出奶水，從無到有的過程可說是一把眼淚也說不盡，更別說同時得訓練寶寶正確吸奶方式，還要捍衛其他不信任母奶的眾人疑問了。

不經一番捏濟壓 哪得母乳撲鼻香

我是在七月底生下第一個寶寶的，當時高雄的天氣之炎熱我想不需要多解釋，在娘家做月子雖然幫手多，可總還是不免覺得那真是痛苦至極的一段時間，無法睡覺那就別再提了，為了要催奶，家人餐餐為我準備油膩膩的花生豬腳湯，熱騰騰的魚湯，舉凡號稱發奶聖品的東西我都喝遍也吃遍了，但是一開始依舊少之又少。

雖然也曾想過會不會我真的沒有奶水，一度想改用配方奶代替，家人也好心地附議說道，如果是喝牛奶那麼至少可以由他們代勞，不用讓我每三個小時折騰一次，幸好資靚小姐她很識貨，硬是不肯喝牛奶連奶瓶奶嘴都不要，無奈之下只好繼續親餵。

這一餵就餵了一年多，奶量從剛開始的一點點，慢慢增加到多的喝不完，當然中間所有該有的疼痛一樣也沒少，乳線發炎的漲痛，小朋友漸漸長牙後咬你一口的疼痛等等不勝枚舉，可是親餵母奶帶來的好處卻更是甜到讓人不願放棄。

在我剛踏入母乳界時，就像眾多新手媽媽一樣，真的常常覺得很無助，不知道自己還能堅持多久，後來我在網路上找到了幾個網站：

一、由台灣母乳協會成立的ㄋㄟㄋㄟ共合國（http://www.breastfeeding.org.tw）在這裡幾乎所有的疑難雜症都會有熱心的母乳學姐為你解答，不定期地也會舉辦聚會，讓媽媽們有一個可以吐吐苦水互相打氣的地方。

二：中華民國寶貝花園母乳推廣協會（http://www.babysgarden.org/main.php）站內資訊貼心地分類為產前篇產後篇還有實戰篇等，讓你可以快速找到需要的資料。

其他當然還有很多媽媽或醫護人員在自己的網頁上分享的甘苦談等，都是我遇到問題時會想參拜一下的好所在呢。

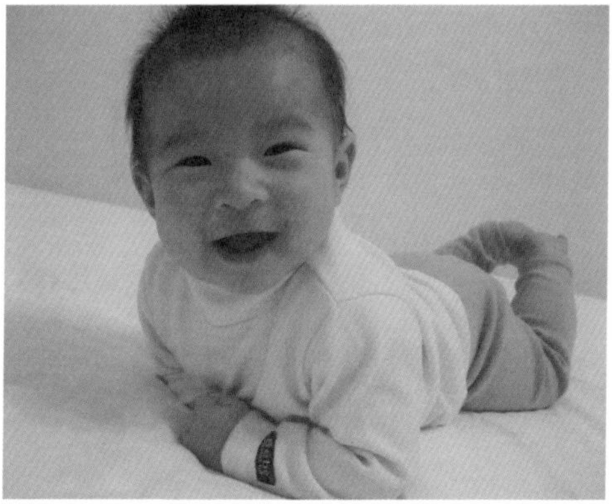

喝母乳頭好壯壯。

天然ㄟ尚好

即使世界衛生組織已經提出許多研究指出，六個月前母乳是寶寶最好的食物來源，可惜在台灣還是有很多很熱心（容我翻一下白眼）的人會說喝母奶又沒有瓶子裝，你怎麼知道小朋友會不會吃不飽？營養夠不夠？

要知道市面上販售的配方乳都是以母乳的成分為調配的基準，就算是如此也不可能做到像母親那樣提供母體中的免疫力。

藉由台灣母乳協會的努力，不但是成功爭取到公共場合的哺乳權，衛生署也明文禁止有未滿一歲子女的人士比方說藝人來為配方乳代言，這種種的進步都是在為母乳媽媽們打氣，餵母奶不容易，要堅持下去更困難，幸好我們始終不缺乏的就是來自寶寶的笑臉。

現在都快四歲的孜文到現在都還很喜歡摸我的肚子，在外面溜滑梯玩耍，三不五時地跑過來把手探進我的衣服裡摸一下肚皮，晚上睡覺時也一定要把小臉蛋平貼在肚子上，再不然就是要求我撩高衣物和他肚子跟肚子連在一起。

我也曾經想要戒掉這個怪習慣，卻在他說了一句話後斷了這念頭，有一回他又摸個不停時，我說：「你這樣不行吧？」他疑惑地回答：「為什麼？這裡是我的家呀」！

母乳之路爸爸的支持最有力。

是阿！小寶貝在肚子裡待了十個月，出生後又餐餐窩在我的胸前喝奶，一邊喝一邊摸著媽媽的肚子，這樣的觸感溫度一定給了他十足的安全感，才會讓他至今念念不忘。

就連他當時還是個小寶寶躺在床上哭鬧時，只要姊姊比我先到床邊，都會看到這小妮子掀開衣服往弟弟旁邊一躺，說道：「ㄋㄟㄋㄟ來了快喝快喝」，雖是笑翻大人的舉動，卻還是能感受到藉由哺乳和媽媽肌膚相親的幸福感。

外加一個好處，因為配合兩邊胸部的餵奶，小嬰兒會很自然地跟著幾個小時換邊側躺，兩個小朋友的頭型因此睡得非常漂亮，小女孩綁起馬尾來特別漂亮，也不失為額外的收穫囉。

喝ㄋㄟ ㄋㄟ的工作被媽媽獨占，爸爸只能餵我喝水了。

母乳問答篇

以下為眾姐妹整理一下餵母乳時常見的問題

發奶篇

或許是每個人的體質不同，適用的發奶聖品也不見得相同，即遍如此還是可以整理出對大多數人都有效的食物，比如說花生豬腳湯，鮮魚湯，黑麥汁，豆漿奶茶，酪梨牛奶，芝麻糊，櫻桃，榴蓮和蚵仔等等，當然也有媽媽說她們吃了芒果，魚酥，烏龍茶那一天就會大漲奶，每個人經驗都不一樣，其實好像和寶寶一起做實驗似的，能享受過程就會覺得很有趣囉。

保存篇

不方便親餵卻又想讓小寶貝喝母奶嗎？ 只要找到自己方便的儲存方式一點也不困難，母乳的保存時間依照儲存的溫度主要分為三種，室溫下以不超過八小時為原則，冷藏室可放三天，放入冷凍則可延長至三個月，如果需要在公司或家裡先準備好再交給保母的話，只要再多準備一個小型的保冷袋裡面放上一塊冰寶，就能夠確保溫度不上升，寶貝也能夠喝到媽媽辛苦又滿滿的愛心。

乳腺炎

勘稱母乳界鬼見愁，人人聞之色變，也因為極度的疼痛讓很多人因此斷了母乳之路，其實我們可以從它的成因和預防方式兩方面來下手，首先要了解的是雖然造成乳腺發炎的原因有很多，可是以哺乳的媽媽來說，大抵不外乎是乳腺管內有乳汁淤積，再加上細菌從乳頭進入乳房，引起的發炎，輕者當然就是痛痛痛喊不完，嚴重者則還會有發燒化濃等現象。

這一種痛楚很難為外人道，想想看我們才剛揮別單身女郎，心態上都還不一定已經跟著轉變，怎麼好意思跟別人說，我的小孩把我的乳頭咬破，現在發炎的又腫又痛，每一次的餵奶都像要把我的胸部放進鱷魚的嘴巴，看那飢餓的小寶貝長大了嘴用力吸，那種痛真是椎心刺骨，比起生產有過之而無不及，至少生產的過程了不起兩天解決，這個痛可是三四個小時就得重複一次呀，就算這一次治療好了依舊還是有復發的可能，像這種話我只敢跟媽媽妹妹抱怨一下，就連老公都不好提，很怕會讓他覺得吸引力盡失，所以為了避免這樣的情況發生，各位媽媽一定要認識如何預防乳腺發炎。

預防乳腺炎

如同先前提過的，乳頭破皮是造成發炎主要的因素之一，所以正確的哺餵方法可以有效降低破皮的機率，

A. 餵乳時要讓寶寶完全地含住乳頭和乳暈。

B. 以母嬰都舒服的姿勢哺乳，讓嬰兒靠近自己避免拉扯。

C. 稍大一點的娃娃長了牙後會咬媽媽，切記千萬不要笑笑或無奈地跟他們說話，那會讓他以為這是好玩的事情，下次一定還會再咬一口，板起臉來認真地制止，必要時可以輕捏他的鼻子，讓他因為需要呼吸而自然張嘴。

D. 保持乳房乾燥，常更換溢乳墊，減少細菌孳生的機會。

E. 如果發現乳房輕壓會疼痛或是有硬塊可以先熱敷按摩，增加餵食的頻率才不會造成阻塞。

萬一做足了準備卻還是引起發炎，一定要及早就醫，尋求母嬰親善的醫生和護理人員的協助，在上述提到的網站裡有許多學姐甚至可以提供一對一的協助，讓你的母乳之路不孤單。

媽媽不能喉嚨痛

以前的我總覺得人性本善，可是和小朋友交手後，
我深深覺得或許旬子所稱的人性本惡確實頗有一番道理。

這幾天我的喉嚨很痛，吞口水時像刀割一般，忍了一天只用鹽水漱口，心想殺殺菌或許會自然痊癒，隔天不但沒有改善，連扁桃腺也跟著腫起來，這下不只是痛還完全失聲，我立刻上診所報到。

因為要是以前單身女郎時期，頂多就是不能跑場唱歌，可是沒有聲音對一個媽媽影響真的好大，起碼吼小孩時威嚇力立刻下降不小，我們家的弟弟看著我杏眼圓睜發出的聲音卻是細如絲時，還疑惑地發問媽媽你是在生氣嗎？

養了小孩發現人性本惡？

以前的我總覺得人性是本善的，可是和小朋友交手後，我深深覺得或許旬子所稱的人性本惡確實頗有一番道理，當然人性是極其複雜的，只用這樣二分法非黑即白來說善惡是不夠周延和妥當，我的意思其實是對父母來說要放任一個小孩多麼容易，只要把他放在電視前面，給他吃吃糖果，尤其現在手機平板保母隨身攜帶，外出用餐時越來越少見小朋友跑來跑去，大家的眼睛黏在螢幕前，家長盡情聊天，一天這麼長的時間也就這麼過了，大人小孩都輕鬆。

反之，想要立下規矩和習慣卻是多麼不容易，一而再再而三反覆的要求和學習，也只能得到一點成果，可是過程卻可能是充滿眼淚的，不被支持的，不被諒解的。

聽過同事說因為爺爺奶奶家要求不多，幼稚園的兒子大哭跺腳就是不願跟父母回家，也聽過因為孩子過敏而絕對禁止的冰品卻在保母親戚家無限量供應，媽媽的苦心換到的是一句你怎麼這麼殘忍？可是這能退讓嗎？

等到半夜小孩又哭又咳地受罪時，那一位給冰吃的大人要出來照顧又或是代其病痛呢？我要求孩子和我一起做家事，拖地板會弄的滿地是水，曬衣服要多等好久讓小手一隻一隻慢慢地夾襪子，每件上衣都要偷偷重折一次，還要聽為什麼要讓小孩黑白來的抱怨，這些父母，包括我自己都想過究竟是不是我多事拿石頭砸自己的腳？乾脆什麼都不要求會不會少點磨擦？

又或是親子專家好整以暇地告訴你，不要對小孩發脾氣，媽媽們要能把情緒內化，不要跟孩子說不，不能體罰，要好好地實施愛的教育，不可以大聲地罵小朋友，好像別人家的孩子都乖地跳不出五指山，只有我自己像個母獅子般忍不住會罵人。

在教養的路想要堅定地走在善的這一方是那麼樣的困難，每個小孩都是獨一無二，每對父母也都是彷若盲人摸象一般，或許四處都有專家點起的明燈，可是過多的光線也可能讓人反而因此看不清自己。

寫信給自己

我是一個自我要求甚高又龜毛的處女座，在受人評分對象只有自己時這一直沒有什麼問題，我希望可以做到讓他人對我沒有太多批評，而說真的我確實也把學業工作和自己本身都打理地在合格標準之上，所以在開始養育小孩的頭一年，我完全沒想到會有這麼多的聲音和指教讓我無法招架，自信心全失。

大家會以你都當了媽媽就應該這樣那樣，婆家的阿嬤說我不應該抱小孩，姑姑說就把資靓放在二樓房間醒了就讓她自個兒在床上玩，娘家人卻說為什麼不抱孩子呢？等會兒又有人說我覺得你餵母奶不夠耶小孩好瘦，再大一點又有人說小朋友很好動，在地上爬來爬去沒一刻安靜，什麼都要摸摸看就是因為出生時沒有把她像壽司一樣捆成一條地把手綁住吧，老公說你為什麼不能控制小孩呢？她不能尖叫阿！這種種善意的教導實在讓我很崩潰。如果可以我真希望可以寫封信給當時的自己，是說時光機還沒像貞子那樣從電視機爬出來讓我們利用，就趁著還來得及快分享給現任的新手媽媽吧！

親愛的媽媽們

你們好嗎？有沒有數過到今天為止自己晉升為人母是第幾天了呢？

不知道有沒有人記得從前第一次去上班的那一天，剛到新公司報到時的緊張，電話響時知道該伸手接卻不確定該怎麼回應，在前輩眼中理所當然的事對我來說卻很陌生，幸好別人總是可以對你稍微容忍因為知道你只是需要時間去熟悉。

相同的場景換到當媽媽怎麼就不一樣了，好像大家都忘了隨著寶寶的出生我們才開始學習當媽，雖然一大一小年紀差了二三十年，但是若是以經驗值來說，其實都是從零開始起跑，身為母親可一點便宜也沒佔，反倒因為年紀大被要求地更多，讓我們互相打氣一下吧！

勉勵自己能當一個媽媽也是需要從錯誤中學習的而來的，很難能在一本書裡就能知道如何當個好家長，我們有意無意間地會去模仿心目中自己的母親，記憶中的老媽好像總是那麼胸有成竹，信手捻來就能解決所有的問題，所以孩時總是可以生氣地說我為什麼要聽你的，你根本不了解我，等到那個軟香的嬰兒被塞到懷裡，才知道原來這一切的淡定都是靠磨練而成，在和孩子一次一次的相處中，我們有機會一點一點地修改和學習，在這個過程能夠審視我是不是做得太多？管得太多？愛得太多？我要努力學習當個快樂又自在的媽媽。

回過身也請擁抱阿公和阿嬤，謝謝他們也曾為了我們而心煩落淚，少了沉重養兒育女的責任和壓力，那小小的身影和臉蛋真的是怎麼看怎麼可愛，稚嫩的嗓音喊著爺爺奶奶跟前跟後地玩耍，那個人能不被融化，多一點理解就能少一些衝突。

接著請擁抱老公，男人們在懷孕的十個月依舊身輕如燕地照常工作，好啦或許爸爸的體重不能用輕如燕來形容，可是至少不像我們先經歷了爆肥的衝擊，再嚐到痛死人不償命的生產，對大多數的人來說真的不是那麼容易感受到轉變為父親的自覺，可是不能否認地，他們也在適應也在努力，給老公多一些的感謝就是給彼此間多一點的潤滑。

親愛的媽媽們，感謝你覺得辛苦，那表示至少我們站在同一條線上努力追尋善的表現，做為一個不支薪的母親，沒有什麼業績評等，到了年終歲末也沒有老闆會辦一桌尾牙給你獎金肯定你一年來的付出，但是正所謂無法用金錢橫量的事物價值才更高，我們循循善誘苦口婆心，為的都是希望替孩子養成好的習慣培育善的人品，建立正確的價值觀，謝謝你，未來孩子們會懂的。

韻嵐

Chapter 2 有手足不孤單

童年時候最記得的是什麼呢？

對我來說最好笑的片段都和爸媽無關，而是和兄弟姊妹在一起搗亂耍笨的回憶。

媽媽的肚子變大了

到了娃娃過週歲時，媽媽們總算有稍微能輕鬆一點的感覺，這種時候想要讓人心甘情願地懷上第二胎，那可真說是天方夜譚。

童年時候最記得的是什麼呢？對我來說最好笑的片段都和爸媽無關，而是和兄弟姊妹在一起搗亂耍笨的回憶，國中的時侯我們搬進眷村，和爺爺奶奶及姑姑三家人彼鄰而居，對大人們來說或許是就近有個照應，但是對小孩們來說簡直像住在大型遊樂場一樣好玩，佔地廣大的眷村很少會有外人進來，據說那看起來一模一樣排排站的矮房子街道和迷宮沒兩樣，可是對住在其中的我們來說，完全就是個天然而成玩警匪槍戰最棒的地方。

一人一台腳踏車在沒車的馬路上衝來闖去，騎上大斜坡再挑戰放手滑下來，躲進防空洞裡扮家家酒，雨天時也不發愁，兩個雙併的房子有十個房間六間廁所，捉迷藏時常常有鬼因為半個人也找不到坐在樓梯口大哭，因為有這些歡樂的記憶陪著我長大，所以一直以來我都認為至於要有兩個孩子彼此才有個伴，只要想歸想真要下決心生個老二好像也不是那麼簡單。

天呀！又懷孕了！

做為新任媽媽的頭一年時間感是非常奇怪的，在那些睡不飽半夜不斷爬起身的日子似乎度日如年，可是怎麼眼看一個小嬰兒才剛抱回家一下滿月了，養著養著竟然四個月可以收口水開葷，煮軟了蔬果泥，餵呀，餵，娃娃就能坐起身，接著，哇！會爬了！

桌上的東西收得越來越乾淨，小小的物品擺得越來越高，然後那個在地上的爬蟲類有一天忽然吸了口氣準備開步走，沒有親身體會的人很難想像這些改變可以在短短的一年內全部發生，到了娃娃過週歲時，媽媽們總算有稍微能輕鬆一點點的感覺，這種時候想要讓人心甘情願地懷上第二胎那可真說是天方夜譚。

在頭一年被整得七葷八素的我當然也是這麼想，只是人算不如天算，就是這麼巧的資靚滿一歲時我有種預感，果真那短短的兩條線又出現了，只是這一回我完全沒有抗拒認命地接受了，反倒是孩子的爸被嚇得語無倫次，認為我們兩個人沒辦法再應付一個新生兒，絕對無力招架的。

他會這麼害怕當然也是有原因，就像我之前提過的，爸爸這一年幾乎都是住在宿舍，和資靚的互動少之又少，雖然還是很疼愛，但是其實真是苦多於樂，父女兩個人除了透過我之外完全沒有屬於他們自己的交流，本來似乎還影響不大，直到我的肚子漸漸變大，體力上要應付全套家事，還要照料老大覺得非常吃力，偏偏女兒還是不買老爸的帳，一抱上手就哭個不停，常常難得的假日時光就在爸爸發火，媽媽埋怨，小孩大哭中渡過。

撐到了爸爸離開的上班日總有種解脫的感覺，說真的，這樣的家庭生活根本不為彼此帶來歡樂反而是痛苦的來源，於是我痛定思痛決心改變，首先先來捏一捏才一歲大還很容易改造的娃娃，之後再來好好磨一磨三十年的老牛皮，因為『爸爸篇』真的有落落長的（抱怨）改變，所以另外獨立一章擺在後面，真的忍不住的讀者，先偷翻看看吧！

爸爸媽媽弟弟真的好感謝你喔！

話說回資靚姊姊身上，其實她本身沒有什麼問題，真正的原因出在我自己捨不得讓她離開我的視線，使得我成為她唯一的依賴，為了避免老二出生後也依樣畫葫蘆的黏人，左思右想地想到了一個一石二鳥的好方法，我決定善用獅子座姊姊的特性，讓弟弟把重心都放在姊姊身上，打著如意算盤的想著那可就輕鬆囉。

為了達到這個目的趁著弟弟還在肚子裡就要開始運功啦！每天我都會藉著說故事的機會提到

如果可以多個玩伴有多好玩，再讓她摸摸肚子裡的弟弟跟他喊話，乖乖喔以後姊姊會帶你去公園玩呢，要是碰到能和其他小朋友玩耍的時候，我也會趕快補上一句：「你看還好我們馬上就要有自己的弟弟了，多麼棒啊！」。就這樣我不斷地把弟弟的到來塑造成可以同歡的有趣時光，需要準備新生兒需要的小衣服時也一定會讓姊姊參與。

熱愛逛街的小女兒看著玲瑯滿目的小玩意兒時興奮地不得了，再讓她選一個小玩具送給弟弟，讓她幫忙清洗小小的紗布衣或是擦拭塵封的搖籃床，工作結束還要大力誇獎說爸爸媽媽弟弟都好感謝她的幫忙。

儘管姊姊似懂非懂也不要緊，重點是要讓她意識到將有的改變，並且有所期待，每

我要當姊姊了。

次看到她受到誇讚開心又害羞的小臉笑得開懷，我也跟著開心起來。

給各位老公的忠告：學會當一個好的傳聲筒，就不需被雙方壓成夾心餅乾

或許看到這裡你會覺得這些方式會不會太多餘了？但是我真心認為這是一個很好的方法，而且不只適用於這裡，舉凡婆媳，姑嫂或是女婿或岳父母間都很合用，（當然我不是指閉著眼睛亂說一通），而是我們東方人其實很少會表現自己的感謝特別是在家人間，謝謝兩個字好像都只留在家門外，對於最親的人反倒少了點禮。

所以我只是當個傳聲筒，告訴娘家人我們很感謝她們能幫忙看顧一下孩子，特別是小孩的爸，所以外出旅遊時他總不忘特別選購適合的扮手禮等等，尤其如果先生也能幫忙這麼做，成效更大，很多時候女孩子剛進入一個新家庭，難免會有因生命習慣和價值觀等事情引起的摩擦和誤解，有些情況可能也不知道如何為自己辯解，好像只能忍氣吞聲或是跟老公抱怨。

聰明的先生請特別把這一段『馬克』出來，學會當一個好的傳聲筒，就不需被雙方壓成夾心餅乾，就算在好話剛說出口時好像沒有太大感覺或改變，但其實那會有如小種子般漸漸開出芬芳的花，或許你想問我天天都這麼做不會累嗎？我只有一個回答，弟弟學講話時先說了媽媽，第二句就是姊姊，而且不管怎麼問他最喜歡的人都是姊姊喔！

我不喜歡你說這句話

上一節的結尾說到，一句好話像種子一般會開出芬芳的花，反過來說一句壞話無論有心無心都會讓聽的人很不舒服。

上一節的結尾說到，一句好話像種子一般會開出芬芳的花，反過來說一句壞話無論有心無心都會讓聽的人很不舒服，大家應該都常碰到這種情況，單身時問何時結婚？結了婚問什麼時候生寶寶呀？

生完第一胎後問題更多了，如果第一胎是男孩運氣還好一些，很多婆婆媽媽會問有沒有要生老二？沒有也沒關係啦，你們已經有兒子就好了啦！如果是像我頭胎是女兒，有的會笑著說叫媽媽生一個弟弟給你呀，或是看著我的大肚子說這一胎一定是男生吧！在此容我不淑女一下，當時就算嘴巴不罵出關你屁事，心裡也早就白眼大得都要翻過後腦杓了吧！

什麼？唐氏症

我們家的弟弟皮膚黑嚕嚕的，成天橫衝直撞地很愛耍寶，說是集萬千寵愛於一生並不是誇張的，常常一個小娃兒逗的滿屋子的人哈哈大笑，看在我的眼裡當然是可愛得不得了，可是其實只有爸爸媽媽才知道孕期過程中，差點就得要施行人工流產的手術。

懷第二胎到了四個月時，我們按規定做了唐氏症的初期篩檢，這個檢查簡單地說是在妊娠三個月時測量寶寶的頸部厚度，和抽取母體中血液的化學物質來分析，是否屬於懷有唐氏症兒的高危險群，若是數質高於1／270，醫生就會建議母親做羊膜穿刺好得到更精確的結果。

做這個檢查需要自費八千塊，我還記得那時候正是無薪假的高峰期，雖然先生很幸運地不在名單內，可是也完全沒有加班的機會，每個月的薪水剩下三萬多塊，要養活我們一家三口已經很吃緊，還要額外支付這一筆說多不多，說少也不少的支出，更讓人害怕的是腹中寶寶的健康，如果真的是唐氏兒該怎麼辦呢？

去做檢查的那一天，我的心裡很緊張，不單是害怕那一個又長又粗的抽管會直接插進我的肚皮，更害怕會因此引發破水或是流產，做完檢查後要臥床休息還要服用安胎藥，安胎藥的藥效是很強的，藥效讓我的心臟狂跳不已，看著自己的手無法克制的猛烈發抖，還要忍受噁心想吐的感覺，回到家後更是煎熬，等待化驗結果的三個禮拜，已不能用渡日如年形容。

那時候透過超音波其實已經可以看出第二胎是男孩，可是當時我們真的一點都不在意，只是不斷地希望他能像姐姐一樣健健康康的，就在這雙重的壓力下捱著忍著時，有一天家裏來了個鄰居，這個中年阿嬤人算是熱心，只是一張嘴總是那麼多話，她看著我，對著抱在懷裡的資靚說：「媽媽不要你了啦，很快就要抱弟弟，弟弟出來就沒人要你啦！」這一句話像引線似的，立刻點燃我的火藥庫。

不過我知道大吼大叫其實沒有幫助，不但會讓場面變的難堪，以後碰到面也會尷尬得不得了，並不能解決問題和達到我要的結果，我希望她或是其他人以後都不會再說出類似的話，所以我回答時表情雖然帶著笑，

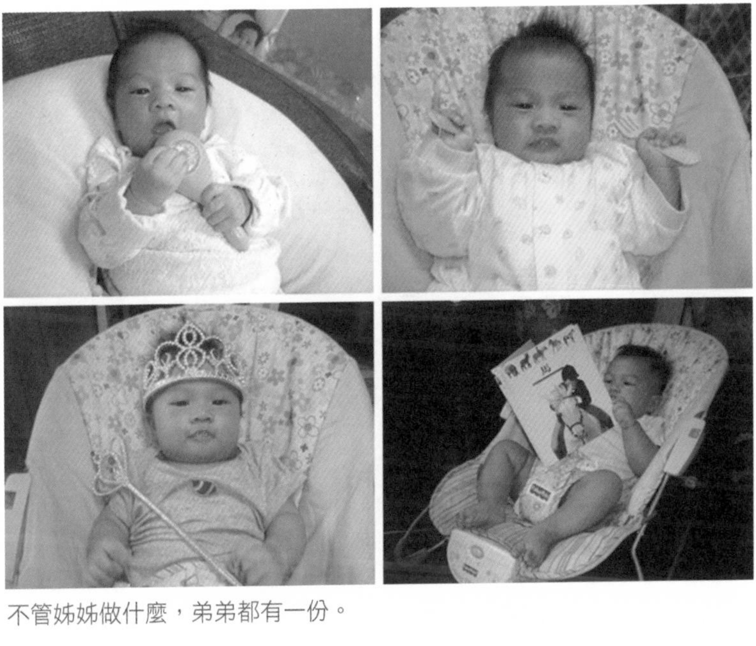

不管姊姊做什麼，弟弟都有一份。

聲音溫柔，眼神卻很嚴厲地掃視全場所有人說道：「阿姨，我知道你只是開個玩笑，並不是真的這個意思，可是小朋友這麼小只能聽懂表面的話，常常這樣說她就會當真，弟弟是要來加入我們的生活，沒有誰會被搶走或是失寵，對吧？」

為了加強火力，話說完我還故意定定地看著她好一會兒，讓她明白我可是很認真的，這一回合媽媽大勝，容我哈哈地發出勝利的笑聲，只是會說這種話的人還真不是少數，而且他們還會化成各種樣貌以各種不同主題來大放厥詞，隨便講個幾句話就能讓人心情不舒服，說完拍拍屁股就走更是不負責任，我並不是一個好鬥的人，可是事關我的心愛兒女，不適當地反擊那可不行啊！

話說回我們家的小黑弟弟，因為他是個嗜吃如命的孩子，人家小孩如果喉嚨痛都是哭著不想吃東西，只有他是哭著說好想吃好想吃，還有一回我們去吃燒烤，進到餐廳時他已經玩得頗累有些睡意，斜靠在舒服的沙發座椅眼神迷濛，僅管如此只要有一片烤好的肉放到他碗裡，他就像裝了彈簧似的立刻坐起身，開心吃掉後再倒回座位繼續恍神。

就是因為他老愛搶吃食物，家人總會開玩笑地說道你是流氓啊？乍聽到這句話時只覺得好笑，再一細想其實非常不妥，因為這種言語等於是在強化他的行為，他不斷地接受到自己是個流氓的暗示，來合理化他的行為，即使有了偏差，他也會用反正我就是流氓嘛，本該如此來做為藉口，有此領悟後我立刻跟家人溝通，感謝他們十分願意配合，不嫌我小題大作，育兒路真是步步驚險，媽媽真得小心築好防線才行。

老是吃黃蓮

我結婚的頭一年經常吃黃蓮，但不是清肝解毒那一種而是另一種，哪種呢？答對了就是『啞巴吃黃蓮，有苦說不出』的那一款，我婆家的人常常會以否定的方式來說話。比如下雨了好意提醒我去收衣服，可是會用否定句開頭來說，你不知道下雨了嗎？啊呀！得到黃蓮一顆，畢竟那雖是問句我也不可能真的白目地回答：「對呀！我就是不知道下雨了咩」。

因為我路邊停車的技術非常爛，（爛到可以有目擊者掛保證）。曾經有一次在小巷想停車但因為來回太多次還停不進去，一旁住家的男主人按耐不住，衝出門叫我下車，他自願幫我停，（難道看我停車比電視節目還精彩嗎？好丟臉啊！）。也發生過想去書局，卻因此讓小朋友在車上被我的開車行為嚇到大哭，因為他們以為我改變心意要開走了，其實我只是不得不再去尋找下一個好停的車位。

所以當聽到：「你不會看照後鏡嗎？」時。本人只能默默再吞下一顆黃蓮，身為一個成人，深深明白這樣的說話方式，其實除了讓聽者無力反駁外。更是讓人喪氣無比，偶爾『奇蒙子』不好時，還會想出言對罵一番，所以我總是警惕自己，在面對孩子時，要用正確的方式來表達相同的意思。

你不知道下雨了嗎？其實等於快下雨囉！

你不會看照後鏡嗎？換句話說就是停車時看一下鏡子輪胎到那，這樣比較容易停進去。

很多青春期的孩子說話很衝，常常會一句話出口就讓爸媽高血壓，仔細聽一聽你會發現十之八九都是用否定語法而起，趁著還可以為孩子塑形的時候，趕快改變說話方式，或許能讓衝突減少一些。

千萬不要變成催狂魔

哈利波特書中有個角色是催狂魔，他會吸收人的快樂讓人只想起悲慘的回憶，在書中只要他一出現立刻就會讓人覺得溫度下降，好像沒了希望，最後會被吸光靈魂而死。

在我看來，上述提到的兩種說話語氣，就像現實中的催狂魔，話語出口氣氛立刻變糟，真是太討厭了，我默默決定下次要是溫盎再說我停車很歪時，我就要拿起魔杖叫喚護法來對抗他。（看來我中《哈利波特》的毒很深，大家不要學）。

附帶一問，有沒有那位好心人可以教教我，倒車雷達中顯示的標線究竟要怎麼看呢？

我每次坐在車上時都自以為停得很正，下車一看，才發現，媽呀根本歪了一大邊，好擔心別人會誤以為我是因為尿急到不行，隨便把車一拋，就跳車找廁所。

如果有那個駕訓班教練可以讓我變成停車高手，快來跟我聯絡，我願意免費成為活廣告！

弟弟好貪吃，對不準還生氣呢。

繪本推薦

有一回我們一家大小參加婚禮，四散各地許久沒見面的親朋好友相聚，場面非常歡樂，突然弟弟指著某個長輩很大聲地說：「咦？他沒頭髮」。當下全場靜默尷尬無比，好多小朋友就像我家弟弟一樣，都很認真的把爸媽教導要說實話，說好話這件事放在心上，只是有時候實在不能拿捏話說出口的分寸，這時候快來看書吧！

推薦《用愛心說實話》作者／派翠西亞／麥基撒克／和英出版社。

到月子中心看弟弟和媽媽。

到醫院溜滑梯

在生物學的定義，雌雄同體是指，同時擁有雄性和雌性的生殖器官和第二性徵等，聽來很複雜，對我來說簡單多了，那就是在漫長的十個月裡女性身體內裝了一個男寶寶。

在生物學的定義來說，雌雄同體是指，同時擁有雄性和雌性的生殖器官和第二性徵等，聽來很複雜，對我來說簡單多了，那就是在漫長的十個月裡女性身體內裝了一個男寶寶，他的男性荷爾蒙在我體內作祟，讓我冒了點小痘痘，也影響了我的體型。

之前常聽長輩說懷男生肚子是尖的，本來我覺得很抽象，直到了後期親身體驗後才不得不佩服這理論，概括一點來說，就是從後面看，看不太出來我已經有這麼大的肚子，也因為肚子都只往前面長的緣故，腰際兩旁沒有什麼多生成的肉可以幫忙支撐，連第一胎完全沒用上的託腹帶都用上了，還是腰酸地非常難受。

其實我現在也會腰酸，但我都自我安慰是因為腰太細的關係，真是自欺欺人是吧？但是在那個懷孕末期還想要繼續用這個理由就不只是自欺欺人，根本就是睜眼說瞎話了吧，所幸我久孕成良醫，自行改良『孕婦側睡法』，也就是側躺時要把肩膀和床的角度再縮小一點，前移到幾乎到半趴睡的姿勢，這時候會感覺到整條脊椎都能平穩地靠在床墊上，能讓腰部徹底放鬆休息，在曲起的腳下也別忘了放個高高的枕頭，只可惜，這睡姿雖然有解，但是對於孕期最後端那骨盆外開的現象，我卻是一點辦法也沒有。

懷孕中的母親會分泌一種鬆弛素，簡單來說就是讓關節之前的縫隙變大，在有限的空間裡硬是擠出一些位置給寶寶，尤其到了要生產前，為了讓寶寶能通過狹窄的骨盆，兩邊的恥骨和韌帶的距離都會加寬許多，這也就是為什麼媽媽以後容易變成大屁股的原因，而且想像一下，原本卡得剛剛好的關節，現在變得有些鬆動，走起路來大腿根部好像快要掉了似的，那酸酸的刺痛感真是沒辦法抑制，懷孕真的很辛苦，但是你以為就這麼簡單嗎？錯，還多著呢。懷了第二胎後，常有人問我跟第一胎有沒有什麼不同？不用仔細想，我就可以直接回答，懷第一胎時，我以為每天照三餐孕吐，腰酸背痛到無法躺平睡覺，睡著時還得每兩個小時就起床上廁所，就是辛苦。

等到小靚蹦出來後，我才曉得原來我太天真了，嬰兒時期每三個小時就得餵一次母奶，不定時的大小便，加上三不五時爆漿，沾的全身床鋪都是便便，或是寶寶半夜胃脹氣哭到無力的痛苦。到會走會跑後，全天候跟著他屁股後頭，眼明手快的搶下寶寶就要塞到嘴裡的任何東西，永遠都在清理打翻的飲料，吐出來的飯粒，黏在頭髮上的麵條，撕碎亂丟的衛生紙，還要不斷阻止從沙發上跳下來的小孩。

逛街時，從小孩手中拿回他們從貨架上拿走的棒棒糖、巧克力，從此跟看電影、約會、聚餐，悠閒喝咖啡說再見。氣質美少女變身成隨時會大吼的『吼霸母』，相信我那個時候的我，以為已經身在地獄，唉～～只能說我真的天真了。

因為懷了第二胎後才發現，在吐的要死的同時，旁邊還有一個掙扎地要爬上身的小孩，即使已經覺得腰就要斷了，還是得從早到晚追著體力極佳的小靚，晚上躺上床還得小心她隨

時會跳上身，睡著後也得注意那雙很有力的豬腿別踢到我的肚子。

至於孕婦別提重物的原則更是早忘了，趕捷運時一手抱小孩另一手提大包包，十幾公斤重量上身也是照樣跑跳蹦，事到如今，我這一次總算是明瞭，所謂『一山還有一山高，地獄一層還有一層深的道理』，每一天，我都感謝上天文文還乖乖待在肚子裡，就算他要我吐，或是要踢我，我都不再計較了，因為我深深知道，再不久後，我就會再往地獄深處直線墜落，所以說；懷第二胎和第一胎有什麼不同？是呀！有的，那就是我用黑眼圈和腰斷學會了感～恩～啊！

感恩的心唱下去

不過就算感恩的心唱一百遍，該來的還是會來，文文選了個良辰吉日自個兒來報到，為了可以給我點緩衝時間，金主（也就是孩子的爸）讓我在月子中心住了十天。

想要把握產後的黃金時期好好的讓身體休息一下，咱們老祖宗這做月子的觀念真是先進了，這可是一生難得能調整體質的大好時機。

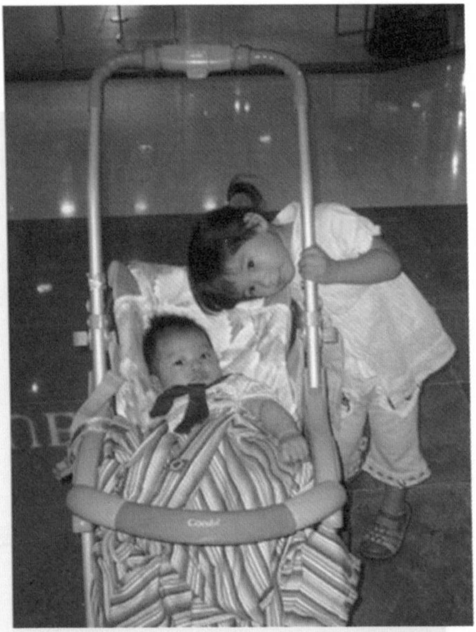

我第一次做月子時很鐵齒，什麼要好好躺著，不要過度用眼，不要洗頭受涼等，我都當做耳邊風，左耳進右耳出，敷衍了事。結果那一年動輒偏頭痛，腰痛膝蓋痛，變得跟病貓似的，雖然不知道跟做月子時的糊塗有沒有關係，但是這第二次月子的最後機會，我可不敢再大意。

我把做月子時禁忌認認真真地放在心裡，打定主意要徹底執行，就差沒列印出來裱框掛在牆上，其他事項都可以靠自己好好休息，但是一個月不洗頭這件事可得做好萬全的準備。市面上的乾洗頭粉是一利器，不過那小小一罐用沒幾次就報銷，實在有點心痛，所以我找到原理相同，味道芳香又便宜許多的痱子粉大將來助陣，它的粉末能把頭皮的油膩包覆起來，梳梳頭就能跟黏膩說拜拜，淡淡的香味還能讓我放心接待探訪的客人，而且那大容量就算一個月天天用也足夠，還能讓寶寶接著用，真是個包山包海有頭有尾的好夥伴來著。

和我同期的其他媽媽也有如法泡製的，也有自費請人到房服務的薑汁洗頭術，各種方法都有其妙用，最終目的就是請照顧好自己的身體，因為做月子可是最重要的大事。

地獄走一回

在媽媽對抗頭臭，弟弟學喝奶的瘋狂做月子日子裡，資靚姊姊還渾然不覺有什麼不同的待在娘家，每天晚上和大家一起到育嬰房，隔著玻璃看寶寶，雖然我很肯定她是絕對不可能在那看起來一模一樣的壽司條中認出弟弟，但是每次看完弟弟後都能在醫院溜滑梯溜得盡興後再回家，無異是印證了媽媽保證弟弟是要來陪她一同玩耍的話語。

沒關係我不入地獄誰入地獄呢？

就讓我們大手牽小手快樂的在地獄走瀟灑一回吧！

小小保母

我在月子中心裡時一直在幻想姊弟倆第一次見面會是怎麼樣的情景？是很有趣還是很感人？後來才發現我全都猜錯了。

我在月子中心裡時一直在幻想姊弟倆第一次見面會是怎麼樣的情景？會是很有趣還是很感人？後來才發現我全都猜錯了。

小靚姊姊回到闊別十數日的家，看到她的每一個玩具都好像重新陷入熱戀一般，忙著對它們述說思念之情，對於躺在床上的弟弟視而不見，完全沒有察覺到有什麼不同。

第一個母子三人共眠的晚上，還需要夜奶的文文哇一聲地哭喊著肚子餓，睡得正香甜的姊姊被驚醒後，坐起身來滿頭翹髮一臉茫然地尋找聲音的來源，看到原來是我懷裡的弟弟後，放心地倒頭又睡，從此後的五年不管弟弟哭得有多大聲都再也沒被吵醒過，不過第一晚的哭聲卻像個開關似的，啟動了姊姊的小小保母模式。

家有倆個小娃娃的生活，就像是天天都在彩排的小學運動會一般，不成熟的鼓號樂隊大鑼大鼓地氣勢驚人，完全不懂得含蓄的美德，什麼樂器都敲的震天響深怕被忽略，大鼓手小靚就是那麼盡職，每天早上七點就宛如床上有針一般地跳起身，不管其他人還在睡，一會兒吵著要喝牛奶，另一會兒又貼著我的臉說：「媽媽我要便便」。被吵醒的弟弟當然也是一刻也不能等，當時真的好希望自己是八爪女，可以輕鬆應付一切，無奈這是不可能，幸好我還有一熱情助人小幫手，看在一歲多姊姊的眼裡，絲毫不認為才剛出生的弟弟什麼都不會。從第二天開始，舉凡她自己要做的事，文文都有一份，

她拿著鍋子下廚，弟弟分到一隻湯匙緊緊地握在手裡。

她要搖滾地用保齡球瓶當麥克風，弟弟自然也有一套裝備。

她看著圖畫書，不忘塞給小子一本黑白小書，僅管弟弟不會翻頁，倒也是看得挺認真。

等到文文再大一些，能坐能爬後，姐弟倆的活動更多了，

她試著用積木做房子，弟弟負責又丟又摔。

她拿著畫筆畫牽著弟弟出門玩，文文則是體驗人體畫布的樂趣。

她想盡辦法做鬼臉逗弟弟哈哈笑，文文相當捧場，怎麼逗怎麼笑。

貼心的幫忙很多，越幫越忙的例子也不少。她非常非常喜歡跟弟弟拍照，可是經常擺錯姿勢，一個大頭忽地出現在眼前，可憐的文文總是被嚇掉半條命，大哭不已。她常常看著弟弟QQ的嬰兒臉蛋，那真是最讓人喜愛，聞起來又滿是柔柔的奶香，極富實驗的姊姊想必是覺得口感應該也不錯，虎口一張就想咬下，雖然即時被擋下，但我想弟弟至少學到人生需要步步為營，時時刻刻不能放鬆的道理。

人之初

就這樣，一天一天的生活就在時而歡笑，時而哭鬧，又總是混亂中度過，像這樣的育兒生活是很難只用一個簡單的形容詞來定論，它絕對絕對是非常快樂又難得。

在人之初的短短時光內，看見一個娃兒全心信任地微笑，那樣的幸福和滿足難以言喻，但另一方面來說，它又是徹徹底底地考驗耐心的試煉，小朋友無法控制的調皮或搗亂，衝破耳膜的叫聲和哭鬧，擺不平的搶奪和爭吵，簡直讓人不能想像，就這麼個一百公分都不到的孩子，竟然可以讓人大動肝火到幾乎失控。

那種情緒混合了怒氣，沮喪甚至歇斯底里，脾氣爆發後的省思，孩子的淚水，所有一切都在磨練我的心智，這是多麼不容易，僅管如此，我還是很珍惜能夠和孩子們一起擁有這段時光，更應該說的是，我肯定這兩個孩子絕對不會記得那一、二歲時的這段回憶，可是對我來說卻不是如此，我非常感謝他們給予我這獨一無二的機會成長。

看見自己竟然如此易怒而驚訝不已，看見自己學得能夠隨時應變應付大小的麻煩，體會孩子生病時父母的心疼，透過這一天一天的生活，我發現原來我可以如此溫柔，同時卻又這麼堅強，過了幾年的現在，我才能體會，小小的保母照顧地不只是弟弟，更灌溉了我的心靈，若是未來能開出美麗的花，那都是孩子們的功勞。

繪本推薦

1. 《小菲菲和新弟弟》作者／羅倫斯安荷特／和音出版社
2. 《有你真好》作者／娜汀．布罕．柯司莫／小天下出版社

只有一顆糖

本人今年三十有餘一點點，思來想去在我這一生，打我最多次又最狠的不是別人，正是我同父同母的親妹妹。

那時候，小靚姊姊大概是幾歲呢？我想頂多就三歲左右吧，臨出門前，她拿了一根棒棒糖帶在身上，想坐在車上慢慢享用，想當然爾，爸爸媽媽是不可能答應這要求，在行進的車上拿著長棍狀的食物放在嘴裡，萬一緊急剎車那可很糟糕，再說那黏黏的糖果液滴在皮椅上也很難清理，沒必要自找麻煩。

於是小靚緊緊握著棒棒糖耐心地等待，好不容易到達目的地，姊弟倆下了車後迫不及待地拿給爸爸撒開包裝紙，那幾秒鐘裡，兩個小朋友眼神發直地盯著糖果，我幾乎可以聽見他們吞口水的聲音，終於那棒棒糖回到姊姊手中。我心想：如果是我，我一定立刻塞進嘴裡，等了這麼久一定特別甜吧。出乎意料之外，她接過糖卻直接放進弟弟的口中，待他滿足地吞下口水後，才拿回來小小的舔了一口，她的動作如此自然，讓我看得目瞪口呆，感動不已。

有次，剛從幼稚園下課回家的姊姊拿出課本，在一旁的弟弟也想搶著一起看，怕被撕破書的小靚一隻長手把文文推得老遠，弟弟正想張嘴抗議，小靚姊姊好像突然想到什麼似，從口袋裡掏出兩個小糖果遞給文文，說：「這是老師給我的，我特地留給你喔」。弟弟立刻化怒為喜的對姊姊又親又抱。

可以叫警察來帶走我妹嗎？

本人今年三十有餘一點點，思來想去在我這一生，打我最多次又最狠的不是別人，正是我同父同母的親妹妹。

天蠍座的她小時侯脾氣很大，屬於絕對不應和她結怨型，加上她小我四歲，向來都是她追著我打，我極少還手，別的天蠍座小孩會不會像她這樣我不知道，可是她從小打人的手段就好殘忍，扯我一把頭髮，拿皮帶抽腳，用飛盤丟我的頭，沒想到，國中時還在我爸的鼓勵下報名柔道隊，跟著我爸聯手拿我當麻豆甩來甩去。

要不是因為她我阿妹我真會報警抓她，幸好每次爭吵我家阿爸都處理得當，總是一次又一次不厭其煩排解戰爭，不斷地強調在這個世上，她和我是最親的人，父母有一天會離開我們，到了那個時候就只剩下彼此能互相依靠。小時候這種話是很難聽進心裡的，尤其會說這些話來開導一定是吵架過後，更是偷偷在心裡嗤之以鼻，暗暗心想我才不會原諒她呢，可是，漸漸長大後，越來越明白爸爸說的道理，手足的角色真的是很難被取代的。

母獅子

獅子座的資靚姊姊個性就像是大非洲草原上領頭的母獅子，一但被她納入群體中的成員，她便會盡心盡力保護他。文文弟弟就是她頭要捍衛的對象，好動的姊姊其實很怕生，以前只有她一個人時，碰到陌生人是有多遠躲多遠，對於很少見面的眾多親戚總是保持遠遠的距離。

但是自從弟弟出生後，只要他被外人抱著，姊姊就像保鑣一樣，亦步亦趨地跟在身旁，隨時警戒，就怕一個不留神弟弟會被抱走，再長大一些文文會跑會跳了，她還是時刻不放鬆，有一回她倆和一群陌生孩子在遊戲區玩耍，較大的哥哥姊姊三番兩次要弟弟當鬼抓大家，那傻小子追得大家哈哈大笑，完全不覺得有異，但資靚卻氣炸了，她插著腰抬頭大聲質問，為什麼要欺負我弟弟？我弟弟才不是鬼，之後氣呼呼地一把抱住文文到回遊戲區座位，還忿忿不平地跟我報告。

在家時，她幫他拿奶瓶，穿褲子，穿鞋，帶他去上廁所，出門去玩，走累的弟弟吵著要人抱，總是只有姊姊會心軟，三斤貓抱四斤老鼠，搖搖又晃晃，這是她疼弟弟的另一面。

但是就像小時候的我和妹妹，他們兩個人也常常會鬥嘴，偶爾還會上演全武行，以前我總是為兩個人的爭吵大動肝火，可是後來我反而會從另一個角度來看這件事，要吵架沒問題，你們得對著我有條有理地說明事情經過，想辦法表明你的意思。

通常在他們兩個人氣呼呼地互瞪對方時，我都會舉辦特別的比賽，數到三先笑出來的人就輸了，輸家得立刻來親媽媽一下，這種比賽基本上就是點笑穴比賽，很難不笑出來，如果真的萬不得已要打架也可以，但是要經過我的同意不能私下動手，要在我的面前而且限時一分鐘，不能打頭不能咬人不能抓頭髮，通常我在倒數：五、四、三、二、一時，兩個人早已被這暫停的五秒鐘轉移了注意力，已經稍微冷靜些，就算真的開打也變得像遊戲一般，很快就雨過天晴破涕為笑。

透過這個過程，兩個小朋友很少會有積怨的機會產生，私下和姊姊獨處時，我總把握機會變身成留聲機，把我阿爸告訴我的話原封不動地再說給她聽。

我裝得苦情地問：「如果爸爸媽媽通通不在了，只剩下你和弟弟，那怎麼辦呢？你們會互相照顧嗎？」姊姊搖搖頭地回答：「沒關係啦我們會直接去三樓找姑姑，你放心吧。」

欸看來我還得多講個好多年她才會懂呀。

繪本推薦

1.《我的妹妹不可愛》濱田桂子／大穎文化出版社 2.《穿過隧道》安東尼布朗／遠流出版社 3.《小小大姊姊》安佛絲林德／上誼文化公 4.《佳佳的妹妹不見了》筒井賴子／漢聲雜誌出版社

等等我姊姊

當媽媽有一個守則，只要感覺到本來小朋友笑鬧的聲音突然安靜下來時，不管手頭上正在做什麼要緊的事，一定得立刻擱下。

當媽媽有一個守則，只要感覺到本來小朋友笑鬧的聲音突然安靜下來時，不管手頭上正在做什麼要緊的事，一定得立刻擱下。

那個晚上就是如此，只聽見兩個小孩在房間裡，有點爭執後又靜下聲來，於是我趕忙躡手躡腳地偷偷靠近，身手俐落地跟海豹神兵一樣，完全沒被發現，我看到房裡的小靚用身體護著她的存錢筒，一旁的弟弟半跪在一旁滿是商量的表情說：「姊姊拜託你給我錢，我很想買幫媽媽買『高分鞋』耶，媽媽說她的鞋子都壞了捏」。小靚很冷酷地拒絕：「不行，這個錢我自己也想買高跟鞋阿，而且你不是有隔壁婆婆家去上班嗎？你有賺錢吧？！」（我偶有事外出時，他會在婆婆家待上一會，他自稱那是他的辦公室）。

弟弟更著急了：「我沒有賺錢啦，因為我上班時都在看電視，沒有好好工作！」（ㄆ；這小子……）兩姊弟這麼一來往地爭論了老半天，小靚稍微讓步地問：「那你要多少錢？」弟弟認真地想了想回答：「一塊錢就夠了吧。」姊姊大手一揮：「根本不夠，應該要十塊吧。」當時躲在一旁偷聽的我，憋笑憋的都得摀住嘴巴。

就這樣，姊姊堅持～～錢錢絕對不要給媽媽，弟弟則是急地快發火地要送媽媽鞋子，眼見小靚再不答應文文就要開打了，我連忙進房間叉開話題。

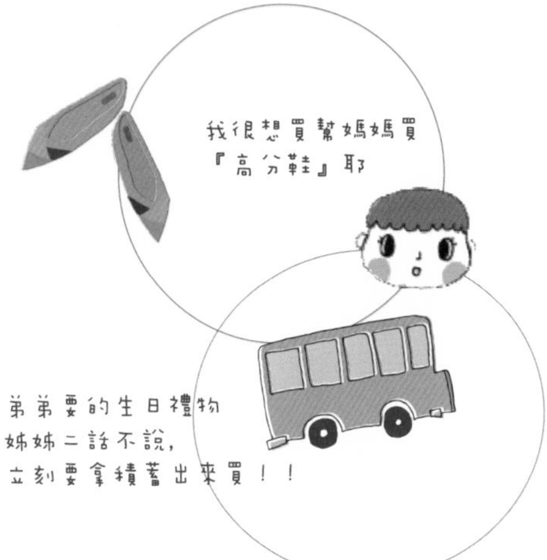
我很想買幫媽媽買
『高分鞋』耶
弟弟要的生日禮物
姊姊二話不說，
立刻要拿積蓄出來買！！

當天稍晚，弟弟看到電視上廣告的玩具新車，滿心期待地開訂單，希望生日或過年時，有人可以送給他。

本來坐在旁邊的姊姊，好像裝了彈簧似的跳起來，跑進房間拿了存錢筒出來，摟著弟弟肩膀說：「來姊姊有錢我買車車送你。」

唉唷喂呀，媽媽我簡直要吐血，雖然我很高興姐弟兩人感情這麼好，可是這也差太多了吧，要是這麼愛他的姊姊不在家，弟弟該怎麼辦才好呢？

姊姊上學去

在姊姊準備讀書的前半年，我已經開始心裡建設，偶爾繞過充滿兒童嬉戲笑鬧聲的校園時，總是特地語帶羨慕的說，你看可以去上學的小朋友真好耶，不但會認識好多新同學，下課還能在這裡溜滑梯騎腳踏車呢。

在書局看過書後一定會特地在文具區停留一會，讓她先選一選，長高高以後上學時要帶的鉛筆盒，在我不斷地洗腦下，她對到幼稚園上課這件事充滿期待。

終於開學日的那一天到來，一大早她背著新水壺和書包高高興興地跟我揮揮手，轉身就走進校園，下午四點我準時去接她，沒想到她看到我卻哇一聲哭出來說：「她才剛下課要開始玩玩具而已，她還不想回家。」這個說法真是讓我有些意外，又非常開心，暗自決定以後都要六點半校門都要關了才要出現，讓她看到我只會高興到抱大腿，想到這麼容易就放生成功，讓我忍不住瞇眼地奸笑三聲，呵！呵！呵。

呵！呵！呵到一半時，我瞄到一旁文文弟弟落寞的表情，喔喔，送走一個還有一個得安撫呢，果不其然，之後的每一天，只要張開眼睛不見姊姊，文文鼻子一皺眼淚就嘩啦嘩啦地落下來，一邊哭一邊不死心地在屋內到處尋找，對於我陪他玩的提議不屑一顧。

每次看到他一把鼻涕一把眼淚的在找姊姊都讓我好氣又好笑，而且這一哭就哭了大半個月才停止，對他來說這真的是非常巨大的轉變，畢竟這一兩年來他都是繞著姊姊生活。

原本很好笑的卡通少了對手一起演，實在失色不少，好玩的玩具少了編劇主導，也變得不那麼有趣，雖然有我這個最愛他的媽媽在身旁，他還是覺得不起勁，還說我不像姊姊一樣那麼好笑。

對以諧星自居的我來說，真是個傷人的說法，不得已我只得使出渾身解數，幾乎要像蔡依林那樣練芭蕾，平橫木、彩帶舞樣樣來，要不是胸口碎大石常都要裸上身，不適合母子同歡，我都準備要去報名了，但小子還是不買帳。

他讓我坐在地上玩一輛又一輛的小車，或用積木拼出機器人，或帶有大砲的卡車，排著

實在很難的鐵軌，（我可以拼出三千片拼圖，卻拼不出幾十節鐵軌，真詭異）。

想要教他點數字，只拿出書本還不夠，還得配合他喜愛的恐龍和小車才行，儘管我已經比蔡依林加老萊子還用心，弟弟仍是不甚滿意，雖然白天能獨占媽媽撒撒嬌，可是他還是得等姊姊下課後，才像從冬眠中醒來似的恢復精神，整個晚上和小靚又唱又跳，兄弟姐妹的功用，真的是爸媽也無法取代。

這一章節寫完的那一天，我們三個人搭乘擁擠的捷運出門去，抓著我右手的姊姊在上車時大喊弟弟的名字，待她看到我左手牽著文文後大吐了一口氣，說：「呼，我最害怕的事就是弟弟被捷運的門夾扁，和他不見，我會嚇得要命喔。」弟弟立刻接著說：「我最害怕的事就是，姊姊被火車經過的風吹到鐵軌下面，被壓扁跟被車車撞到。」

看來弟弟長大後應該會買天珠送給姊姊防車關，姊姊則送防走失繩，和鋼盔當回禮！雖然是個小小的事件卻讓我覺得很甜蜜呢。

兄弟姐妹的功用，
真的是爸媽也無法取代

2010/5/7
姊姊會講故事給弟弟聽。

Chapter 3

不總是美麗

利用遊戲來糾正壞習慣，小朋友們很容易就能了解又印象深刻，是個一舉兩得的好方法喔。

我不喜歡吃飯

如果在書局的親子書籍前蹲下來找一找，會發現十本書裡有一半都在討論小朋友不喜歡吃飯的問題。

如果在書局的親子書籍前蹲下來找一找，會發現十本書有一半都是在討論小朋友不喜歡吃飯的問題，又或者在幼稚園舉辦家長會時做個調查，八成的家長都會舉手表示小孩在家根本不好好用餐。

像這種在育兒界佔有如此重要地位的議題，我們家是無論如何不可能缺席的，畢竟有一個老是走在時尚尖段的媽媽，女兒自然也會得到真傳，實不相瞞，像我們這樣平衡感如此好的母女早就做好準備，如果國家有需要時，咱兩人會立刻整理好小包包直奔左營訓練館，成為奧運比賽平衡木項目的選手，為國爭光，只是在那之前，世人眼中的我們依舊是一個瘦皮猴小孩和一個妖壽嘎都沒給小孩吃飯的失職老母。

馬豆縮水了

先來介紹一下我的外型，我小學六年級時就有『馬豆』的身材，傲視群芳的坐在最後一排，再加上因為功課極好，有種高人一等的感覺，嚇！這種話也說得出口，應該不是高人一等而是臉皮厚人一層吧。

但此景很快就變調了，因為我的身高就這麼說停就停的不再長高，於是座位也慢慢地越來越往前，幸好雖然是從高妹變矮妞，可是拜上課得一直坐在老師眼皮底下之賜，成績倒是很穩定地維持在一定的水準，也算因禍得福的一種。至於小孩爸爸的外型簡單說就是一張A4再切成一半的紙片人，為了不讓遺傳學之父吃驚，我們家的兩個小孩一直以來就是以細長型的模樣存在著，胖還是瘦，真的好像不那麼容易操縱。

ㄙㄙ有兩種，不吃飯也有三種

其實據我的觀察，許多人通稱的不好好吃飯可以略分為三種。

第一種是吃飯不專心型的。

說實在的會有這樣的情形出現，父母和照顧者要付起大部分的責任，因為家庭用餐的氣氛和方式是取決大人的態度，不太可能會有爸媽正襟危坐的在餐桌用晚餐，卻讓三歲小孩一個人坐在電視前的情況出現。

相反地要是家人們都習慣圍在客廳茶几前，小朋友自然也是比照辦理，我們大人能一心二用地邊用眼邊用口，小孩子卻很難做到，想要求他們專心用餐無異緣木求魚，因此就如同睡覺訓練一般，父母希望孩子有什麼表現自然就得提供正確的環境和方法。

以我來說固定用餐位置是一個很實用的辦法，從餵蔬果泥時就要坐定好，如此一來就能讓孩子明白吃飯時坐好，用完餐自然就可以下桌的規則，只是這道理說來簡單要徹底實行其實不容易，原因就在孩子眼中的世界實在有太多有趣的事情可觀察了。我們家的姊姊就是一個什麼都想問，什麼都想摸一摸的代表，吃飯速度真的有夠慢，想要改善這種症頭還是得靠爸媽叮嚀才行，陪伴她用餐是控制速度的不二法門，要是抱著先去做家事待會再回來就應該吃得完的美夢，就請做好生氣的準備吧！

和好朋友一起吃飯
食物變得好好吃。

第二種的不好好吃飯指的是，小朋友無法達到大人要求的飯量。

並非我想為孩子們脫罪，就像月有圓缺，我們成人也會因為身體狀況情緒等因素影響，出現食慾不振的時候，小小娃當然也是如此。我覺得錙銖必較地數著再吃一口；再吃一口，不如換個方式來面對食物，從它們的本質開始有所認識。

假日到菜園農田間摸摸黃澄澄的稻穗，找一個小花盆試著讓小手種下一把蔥，帶著孩子上菜市場由她決定晚餐喝蘿蔔湯還是香菇雞？藉由繪本或圖書的介紹來分辨食物的類別，什麼樣的東西吃到身體裡會讓人健康，什麼是垃圾食品？我認為這可以帶給孩子們更正確的用餐觀念，影響也更為深遠。

第三種不吃飯說的是偏食。

恰恰好我本人就是偏食一族的代表，從小我就討厭吃青菜，任何清炒的綠色葉菜類我一概不吃，不管我媽媽好說歹說仍舊是一根也不想吃，一直以來讓阿母傷透腦筋。

後來到了西班牙後，他們不時興熱炒這一套，沒想到卻意外正對我的胃，鮮紅的甜椒，翠綠的豆子，冰鎮後脆甜的生菜，拌上橄欖油撒點香料再加點壓碎的堅果，或是開一罐優格加上切片的水果，無論多大盤我都能吃得精光。有此發現後，我開始試驗各種調味料，切成細絲的高麗菜，和柚子沙拉醬是好朋友，燙過的紅蘿蔔、綠花椰沾上日式芝麻醬，也是美味得不得了，於是我特地寫信給我阿母正名。原來我並非是個偏食鬼，只是沒找到喜歡的吃法，媽媽還我清白後讓我高興地不得了，下定決心，以後要對小孩吃不吃青菜，這件事標準放寬一些。

沒想到老天真是愛捉弄人，我家的兩個小孩非常喜歡各種蔬菜，喜歡到如果我不把煮好的這一盤菜藏在高處，等我下一盤菜炒好都已經偷吃光了。

這種瘋狂讓我的決心無用武之地，真是歪唷唷唷，所以呢以我的經驗分享給大家，大家都有自己的偏好的味道，就連小孩也不例外，真的不喜歡A菜的苦味也不勉強，換一種烹調方法或許就能因此吃得津津有味。

均衡飲食才健康

如果標準可以再放寬一些選擇就更多了，也就是只以食品五大類來區隔，比方說同是澱粉類，五穀飯白米飯都能接受，青菜類，空心菜和豆芽菜也都過關，不需要強制要求孩子吃下某一種特定的食物，保持均衡攝取所有的大分類會更容易執行，健康也就放心無虞囉。

餐廳用桌大不易

說來慚愧，在我們家姊姊一兩歲前，幾乎沒有辦法在外面用餐，不管是大餐廳還是小餐館都是一樣，雖是坐定在嬰兒椅，但是好奇寶寶這個摸那個敲，桌上的擺飾，杯碗瓢通通都想拿起來看一看，啃一啃。沒經驗的爸媽又不懂得帶小書、小玩具來分散注意力，一頓飯吃下來人仰馬翻疲累不堪，簡直是惡夢一場，值得慶幸的是我們求變的速度比小嬰兒快得多。

首先是心態的調整，非常難為，可是要有身為父母的自覺，在這段時間想和以前跟朋友用餐時那樣輕鬆聊天，是很困難的，擺在最前頭的永遠都是耐性，外出用餐時小孩受的刺激比大人更多，耐住心由她們帶我認識新環境，聽一聽他的大發現，認真聽她說話的同時，也拿回互動的主動權，不再是她丟我撿，而是由我來掌握用餐的流程和進度，持續訓練下來，現在去五星級飯店也不丟臉。

延伸遊戲

每個小朋友都很喜歡玩扮家家酒，如果可以善用這種遊戲方法讓角色互換，就能很容易讓孩子們設身處地為他人著想。

比如以在餐廳用餐的經驗來說，我會讓兩姐弟先佈置一間餐館，從收銀台，用餐區，廚房工作台等都要設計好，這麼做可以增加觀察的細膩和程度，為了讓自己的餐廳特別漂亮，外出用餐時他們會特別仔細觀察和比較，等到年紀再長一些，還能加入討論和優缺點評比或改善。硬體準備好後，兩個人會化身成服務生和廚師等，媽媽我則會盡量變成一個超級大奧客，一下打翻桌上瓶罐，又在餐廳內跑來跑去，到廚房亂摸設備，還對服務人員不禮貌地說話，趁這樣的互換角色讓他們能深刻感受到他人的心情，自然地就不會再犯這些錯誤。

利用遊戲來糾正壞習慣，能將抽象的情緒表達出來，小朋友們很容易就能了解又印象深刻，是個一舉兩得的好方法喔。

繪本推薦

大采文化出版事業股份有限公司有一個系列的繪本我非常喜歡，作者是吉田隆子繪者則是瀨部雅之，這是由營養師所規劃健康飲食的繪本，把食物按照顏色分成了幾大類來做介紹，很是有趣，書目有：

1.《是大力士～讓我更有力氣的食物》
2.《Yum Yum我愛吃～讓食物好吃的秘密》
3.《我是健康寶寶～讓我不生病的食物》
4.《我要頭好壯壯～讓我身體健康的食物》
5.《奇妙的食物王國～認識食物的營養素》

我們成人有時也會因不正確的飲食習慣使得身體受到傷害，和孩子一起讀讀這套書變得更健康吧。

愛生氣

從前有個西班牙籍的老師很疑惑地提問，為什麼我們東方人總是那麼內斂，在班上玩得不是最瘋，搶答時很少積極。

在開始讀正文前，先一起來看看幾個例子吧。

在遊樂園裡，一個看來脾氣很好的爸爸牽著一個約莫七八歲的妹妹，她頭髮散亂，手上緊抓著一個洋娃娃，紅通通的小臉看得出剛剛大哭過一場，他們的後方追來了另一個姊姊，她快速地跑過來在妹妹背後狠狠地打了一下，在大家都還來不及回頭時她已經牽住爸爸的另一隻手，裝做什麼也沒發生，完全狀況外的爸爸當然一臉茫然，可是那位妹妹看起來已經七竅生煙，如果她當時頭頂突然冒出一團雄雄火焰我也不會意外，我好奇的是那位爸爸會如何處理？

同學家的小哥哥一臉專心地在用積木蓋城堡，他設計了高高的城牆，中央還細心地留下了一個小門，完整的二樓四面牆一塊不少，最頂端還用了三角形做為屋頂，就在快完工時，最可怕的大怪獸出現，當然不是說酷斯拉，而是他那個有著捲捲頭髮皮膚嫩Q的小妹妹，她走了過來一手推倒了那個城堡，眼見苦心搭建的作品毀於一旦，小哥哥自是生氣地癟起了嘴，如果你是媽媽你會說什麼呢？

我們家的兩姊弟和鄰居家的小孩是好朋友，對於四五歲的他們來說，好朋友是指每個可以一起玩的同伴，但是卻不保證可以一直和平相處，整個過程就是玩樂中穿插搶玩具，吵架，合好，爭著要演同一個角色，合好，因為吃不到一樣口味的糖果而大哭，合好，最後離情依依地擁抱道別，一個媽媽要解決自家孩子的紛爭還算容易，但是加入了其他的小孩就會變得很難公平，（還是只有我沒這個能力？）

在外面受了氣回到家和老公大吐苦水，我氣憤難平地哇拉哇拉一直講，老公一臉心靈導師地安慰，好啦好啦不要再生氣了，這一句雖然是最多人會接的回話，可是如果表情不夠投入或露出一點點事不關己的模樣，其實更容易讓人火冒三丈，對吧？

東方人很內斂？

從前有個西班牙籍的老師很疑惑地提問，為什麼我們東方人總是那麼內斂，在班上玩得不是最瘋，搶答時很少會超積極，就連有一次她接到班上日籍同學家傳來媽媽意外身故的消息，都只見對方緊咬下唇卻沒有任何一滴眼淚。

她非常好奇，究竟是什麼樣的訓練讓我們能如此控制自己的情緒，當時我回答不出原因，更準確的該說是在她沒提出這個問題前，我根本沒有如此的觀察，完全不覺得咱們東方人是情緒控制高手？

這個問題在我有了兩個小孩後，有了稍稍的解答，我發現我們習慣將情緒劃分為正向和負面，社會上的風氣一直希望鼓舞大家表現正向的能量，高興的快樂的，對於怒氣和悲傷，則是列出好多方法來壓制它，好像有這些情緒是不好的，這樣說好像很抽象不容易理解，把它用上述的幾個例子來說吧。

第一個例子中的爸爸會說什麼呢？通常是忽略妹妹的委曲直接跳到結尾說道不要再哭了，那麼大的孩子還在哭羞羞臉，對於姊姊的處理，也不太會再回溯到先前為何會發生讓她產生攻擊的動機，一樣是跳到結尾要求不要再欺負人，表面看來紛爭是暫停了，其實兩人心中的情緒卻還在持續發燒，等待下一個點再爆發。

第二個例子的哥哥，則多半會以妹妹還小不懂事，你是哥哥要讓她一點，這些話來說，小哥哥用心蓋的城堡還沒受到稱讚，就已經得學會忍耐和退讓的功夫，或許轉過身他確實還是能很有耐心地從頭開始，不過如果媽媽在安撫他之前，可以先感同身受的引導哥哥抒發情緒，我想會讓他更容易轉換心情。

例如，

1. 房子被毀掉了，你覺得怎麼樣呢？很生氣？很難過還是可以原諒妹妹覺得沒關係呢？

2. 接著再以理解的口吻表示，對呀，如果是我，我也會覺得好生氣或好難過，或是，真的呀你願意原諒她，你的肚量好大，媽媽覺得你真棒。

3. 提供他生氣時適當表達的方式和選擇，依照年紀大小調整做法，比如，那麼你先來喝杯水休息一下，等等可能會蓋出更棒的城堡。或是請他暫時離開現場，散散步轉移注意力，等心情平復一些再繼續對談。以上的步驟是想讓小朋友有表達的權利而不只是用力蓋上沸騰的情緒煮鍋。

該學的怎麼正確生氣

看出來了嗎？我們從小開始就一直在學壓抑，哭是不好的，生氣是不被允許的，大家忘了情緒是相對的，是需要被抒發的，所以我們好愛一個人時要寫一首情詩，好快樂時想拿一把吉他自彈自唱，同樣地，好生氣時需要深深呼吸看看窗外，好煩躁時想跳進泳池，一吸一吐讓頭腦變清醒，我們該學的不只是控制情緒，更是控制它應該爆發的範圍和程度，

我可以生氣，可是不應該因此拿刀砍人，那超過了合理被接受的程度。我可以失戀大哭，但是不需要喝得爛醉後開快車硬坳是散心。

兄弟姊妹間小小的爭吵看起來沒有什麼，處理不當卻也會有深遠的影響，兄弟姊妹間認為爸媽偏心，認為妹妹最不講理，認為哥哥最霸道，一點小小的事情都會引發一場大戰。

若得父母成天不安寧，追根究底多是因為日積月累小爭執累積而成，只是弭平表面的紛爭不解決根本的問題，就像看到一個臭水溝嫌它好髒好臭，於是拿一塊布蓋上去眼不見為淨，想當然臭味還是飄散四周，一點也沒改善，最有效的根治方法不用我說，大家也知道要拿出垃圾引流讓它變乾淨，手足間的吵架也是如此，既然是人就一定會生氣會鬥嘴，那麼讓它以對的方式進行應該會更適當。

選擇權

敏感的資靚姊姊，比起弟弟更容易生氣，我總是把選擇權有限度地交給她，提供她好幾個選項，尤其在外面的公共場合，臭著一張臉實在讓同行的人玩興大減，碰到這種情形我會先請她坐到一旁告訴她你可以生氣，可是不應該影響所有人，你先專心生氣等你氣消了，想要開心玩耍時再過來加入大家，慢慢地等她嘴角不再下垂時，我會請她告訴我剛才的糾紛，趁這時機機會教育一下。

通常這時的她已心情已經平靜下來，再加上她認為是她自己決定氣消，完全沒有埋怨和不滿，再開始玩耍時一切都雨過天晴，下次你家寶貝

大家忘了情緒是相對的，
是需要被抒發的

大發怒時，給他照著做做看或許會讓他驚訝地忘記生氣喔。

繪本推薦

美國一位有名的兒童心理咨商師康娜莉雅・史貝蔓把複雜的情緒，用小小的故事，短短的文字來表達，把很抽象的感覺用生活化的例子表現出來，小朋友很容易理解，至少咱們的資靚姊姊就聽得點頭如搗蒜，是兼具娛樂和教育的好讀本，由天下雜誌出版，本篇特別推薦：

1. 《我好生氣》
2. 《我嫉妒……》
3. 《我好難過》

不同的故事主角可以吸引不同類型小朋友的注意，人類文化出版社有一個以恐龍為主角的繪本故事，對熱愛恐龍的文文弟弟來說，特別容易引起興趣和共鳴，套書名稱分別如下

1. 《愛發脾氣的三角龍》
2. 《愛嫉妒的迅猛龍》
3. 《愛哭的雷龍》
4. 《害羞的副龍櫛龍》

喔…喔…尿尿了

不要太計較或是過於著急的去勉強孩子和別人比較，只要是在正常生長發展認可的範圍內都可以接受，千萬不要為此傷了孩子的心，那可就得不償失囉。

大聲公廣播大聲公廣播，這一篇有媽媽我和黃金奮戰的真實事件，沒有養育過小孩和正在吃飯的看官們請三思呀。（話說這一句我有意請編輯實際錄音，等你們翻過這一頁就會自動播放，把它變成有聲書，（顯示為完全誤解有聲書的意思），再不然至少也要把字體放大到不可能錯過，還以為我們有附贈放大鏡的程度，因為內容真的很噁心哪！

孜文弟弟是四月出生的寶寶，到了隔年的夏天也就是一歲過二三個月的時間，這種年紀說要訓練戒尿布其實是太早了不算適當，但是因為南部的夏天真的非常炎熱，再加上我已經有過幫姊姊訓練如廁時得一直清洗小褲子的心理準備，心一橫也就讓他脫離悶熱尿布的束縛，抱著不打算積極訓練，如果真的能學會到廁所裡尿尿就當是意外的收穫，心情很輕鬆，畢竟洗幾件小褲褲對身經百戰的我來說，簡直像一片小蛋糕一樣簡單。（其實這句是我把片語a piece of cake直接翻成中文，原意是指極簡單小事一樁，不能照字面來解釋，但因為這個蛋糕說有種莫名的喜感，算是硬用英文也就硬是要用的那種，還請英文老師息怒呀。）

不要說大話

文文的作習算是挺正常的，一般來說便便的時間都是在早上喝完奶後不多久，可是小娃兒嘛，要是什麼事都能照規矩來就真的是奇蹟，不過就算如此，再加上我的自信，我總以為無論如何這小子都逃不出我的五指山，誰知道，人真是不能說大話，真的還發生了好多次讓我措手不及的狀況，在這麼多『屎件』中咱們就來排個前三名吧。

第三名　雙人大轎

事情的發生點是在姑奶奶家，全家人開著冷氣圍坐在桌旁享用晚餐時，只見坐在高腳椅上的弟弟臉色先是一變，接著是一陣咕嚕咕嚕的聲音，再下來就看見稀爛的便便慢慢從大腿和屁股下方滲出來，身經百戰的媽媽我見到此情景也傻了，究竟該怎麼辦呢？想抱起文文擦屁屁又怕便便會一路流下來，幸好再資深的姑奶奶說話啦，她說乾脆連椅子一起搬到浴室去洗吧！於是我們倆人就這麼一左一右地抬起那高腳椅退場去，一旁的大姨嚇的主動找件洗碗的差事來裝忙，舅舅則是風涼地說道：「有沒有問弟弟明牌呀」？

第二名 一箭穿心

隔天回到家中，不忘把那段不堪回首地往事講給小新爸聽，或許是見爸爸無法恭逢其盛太過可惜，文文決定再度如法炮製一番，只是這次他坐的是中間有個圓洞的塑膠椅，他便便的技術就這麼高超地不偏不倚從那小洞直接落到地下，就連印度拉茶大師也沒他小子拉得如此神準吧。

第一名 正在進行式

有一回我抱著光屁股的小子坐在電腦前看卡通，劇情好笑逗趣，小子乖巧安坐在懷裡，正以為一切美好的同時，忽然感覺到有個熱熱的條狀物慢慢地滑過我的大腿，嚇～～要是坐在雨林裡，我會以為有蛇爬過我身上，但咱們可是坐在家裡，人客呀大家心知肚明，那是正從文文屁屁裡出生的新鮮大便呀。

如何？真的好噁心吧！為什麼平平是人，人家大俠是『風裡來，浪裡去』，媽媽我卻是『屎裡來，尿裡去』，人家西班牙門將卡西亞拿的是金手套，我拿的則是沾滿黃金的真皮手套，人生真的好不公平。

哎呀！哎呀！大家看到這裡會不會笑我是咎由自取呢？好好的包尿布不就萬事平安，非得搞得一身黃金才罷休，這麼說是也沒錯啦，只是無論如何每個小孩都得經歷這個過程，我們父母要注意的就是找出適當時機，才能事半功倍，大人小孩都輕鬆。

找出好時機

我們台灣人很愛比較，比功課，比身高，比老公，更誇張的是連小朋友幾歲戒尿布都要比。

這種情形更常存在於由祖父母照養的孩子身上，逢人就說道自己好厲害，一歲多就脫了尿布，或是指著別家寶寶說：「那麼大還包布布會被笑喔。」等等這種話，有時候真的會讓人覺得有點無奈。

根據我自己的看法，我認為適合跟尿布說拜拜的時間點就出現在自家寶寶的身上。

一、他要能夠表達自己的意思，不管是說話手勢或動作。

二、小朋友至少要能察覺到身體想要排泄的感覺，並且還可以轉換成有這種感覺就得表達出來或是趕緊到馬桶去。

三、對於穿尿溼的褲子或是不願意再便便在尿布上時。

如果有以上幾個徵兆出現的話，差不多就可以準備如廁訓練，訓練的方法雖是要看個人來調整，但是還是有以下幾點的通用步驟可循。

一、在正式脫掉尿布前，先以卡通，繪本或是兄姊如廁的畫面來做輔助，利用說故事的方式讓寶寶對於即將在馬桶尿尿和便便做好心理準備。

二、配合正確的季節來開始訓練，夏天是最合適的，輕薄的褲子換洗容易，也不用擔心穿脫間讓小孩受涼。

三、一但開始如廁訓練最好要有連續四到五天的時間，頭一天一定是每尿必溼，慢慢地會有些進步，剛開始資靚通常是喊了尿尿就立刻解放，碰到這種情形一定要先讚美她後再強調下次要快點說到廁所後再尿喔。

四、有些時候小朋友會明確表達想要尿尿的意思，到了廁所後卻又不願意坐上馬桶，這時請出說故事大法會大有幫助，她的生理情況已經能掌握，要建立的就是心理的安撫，每一次的成功解放後都請爸媽誇張地表現讚賞，寶寶受到誇獎後自然更願意完成指令。

五、即使寶寶在家裡已經可以順利到廁所去，有些時候需要外出長時間時，我還是會幫他們包上尿布，像是在大賣場或百貨公司，洗手間的所在地常常得左彎右拐地才到得了，尚未完全成熟的括約肌無法忍受這麼久，要是因此尿褲子，寶寶好不容易建立的信心會大受打擊，我的做法是雖然小朋友已包上尿布，還是會隨大人到廁所去，如果她有尿意，讓她試著在不同家裡的環境解解看，當然如果寶寶不願意也請別勉強，過段時間再嘗試。

六、同理，在家裡的時間還是會有需要請尿布大人來幫忙的時候，例如煮飯，我在廚房裡刀光劍影，左爐燉湯右鍋炒菜已是忙碌不堪，無法分神即時帶寶寶到廁所，這種時候與其要咬牙硬撐，不如讓親子雙方都稍微歇息一下，等會用餐的心情也會美麗一些。

在五年短短的媽媽生涯裡，我有一個或許很阿Q的心得，那就是對於寶寶的很多訓練真的不要操之過急，如果妳願意站後方一些，把時間拉長一些來看，妳會發現一年後的妳根本早就忘了，那個老教不聽的小孩尿布究竟是包到一歲八個月還是一歲九個月。

不要太計較或是過於著急的去勉強孩子和別人比較，只要是在正常生長發展認可的範圍內都可以接受，千萬不要為此傷了孩子的心，那可就得不償失囉。

看牙齒

看牙醫就像相親一般，第一印象是很重要的。

媽媽我的牙齒很特別，美其名是有個辨識度很高的小虎牙，說穿了其實是排列不整齊，牙醫師一看就會忍不住腎上腺素標高，想要好好幫我整治的地步，尤其還有個缺點，就是每次出了台灣這個島便會被誤認為日本人，走在歐洲街頭大家都對著我喊『寇泥擠哇』，就連去到韓國吃部隊鍋，帶位媽媽桑直接就跟我講日文，幫我加拉麵，完全沒注意到『哇是歹灣郎』其實想吃的是科學麵，雖然科學麵的韓文『哇抹仔樣』但是至少給我一個比手畫腳的機會也好呀。

於是為了讓姊弟倆以後有一口好牙，可以吃到自己想要的麵，從他們還是『無齒之徒』時我就很注意口腔的衛生，定時用紗布擦一擦，等到冒出小白牙後，雖然得冒著一直被小孩啃咬的危險，還是得用軟牙刷來幫他們刷刷牙，除了在家的護理外，定期帶到診所檢查更是不能馬虎，很多人認為反正乳牙以後就會掉，不需要特別照顧，可是其實它發育的好壞對恆齒有很大的影響。

尤其我曾經看過正值換牙期的臉部X光，透視過嫩嫩的小臉蛋，清楚地看到，除了肉眼可見的小乳齒外，牙床內排滿了已經發育好的恆齒等著冒出頭，乳齒排列的密合度，和脫落時間的早晚，都會影響初登場恆齒的模樣，想要長出一口排列整齊的好牙，一定要特別注意呢。

看牙醫就像相親一般，第一印象是很重要的。於是我不斷地查詢『谷哥大神』，想看看住家附近有沒有獲得媽媽團讚賞的醫生，最後終於選定了一位傅醫生，事實證明他真的非常有耐心，一走進診間看到一丁點的小娃兒緊張地坐在診療椅上，二話不說先用棉球變了一個小把戲，還請實習醫生用手套充氣畫了個逼真又可愛的海綿寶寶，他還畫了個大拇指比了個讚，在那個臉書還沒開始流行的時代就已經這麼有概念啦！

看來，這位實習醫生應該也是走在時尚尖端的平衡木好手來著，資靚被這麼多的小玩意兒給吸引，很順利地就完成第一次的塗氟體驗，而且之後我們一家一試成主顧，全都拜倒在醫生貼心又溫柔的服務，就連我的智齒也都是在他的細心安慰和高超技術下拔除，不腫不痛，真是太棒了，只不過，所謂的人簪就是不可能永遠這麼順利。

孜文弟弟約莫二歲時，不小心從沙發上摔下來，不偏不倚撞到前方的大理石桌，把上方的一顆牙整個撞進牙床內，長開嘴，只看見白白的小牙卡在牙肉裡，長長的一道撕裂傷，讓鮮血不斷地流出來，那個瞬間真是讓我三魂七魄都嚇飛了。

一個人抱著不斷啼哭的小孩，坐進計程車直奔醫院，三十分鐘的路程不算遠，可是那當時卻覺得好漫長好漫長，好希望趕快讓醫生仔細地檢查包紮和止痛。

孜文弟弟送進急診室後，顧及他年紀太小耐不住疼痛，急診醫生建議施打全身麻醉，趁著他昏迷的時間，仔細地清洗傷口還得先把牙齒板回定位，我站在一旁看著護理人員，在他的身上貼上麻醉時的監測儀，原本弟

第一次看牙齒得到的禮物。

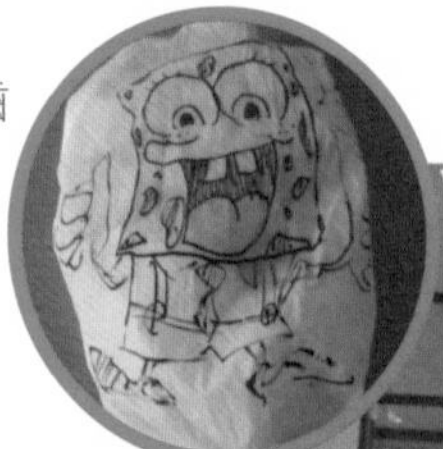

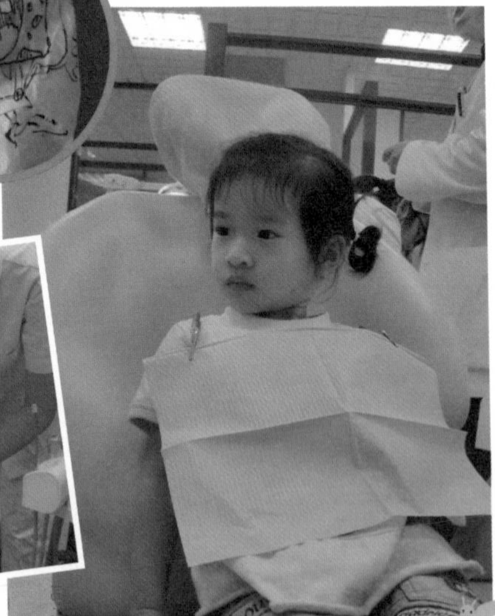

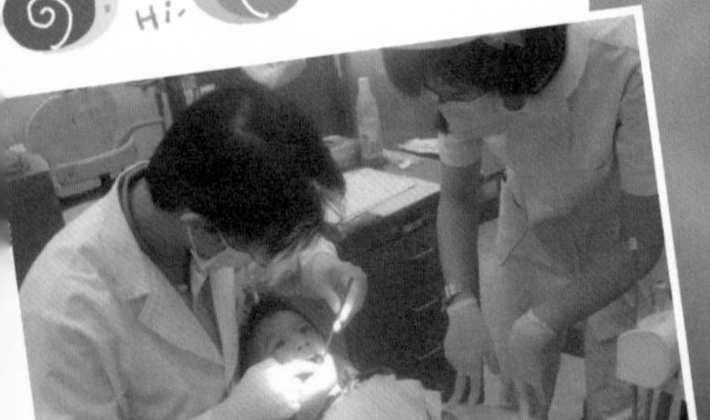

看牙齒好緊張。

弟還因為害怕打針一直扭動的身體和大哭的神情，因為藥效開始發揮，眼神慢慢失去焦距，陷入昏睡狀態。

我心疼的淚水忍不住一直掉下來，原本以為這樣處理過後就可以避免掉最痛的階段，沒想到後續回到牙科門診時才是更大的挑戰，已經知道自己牙齒好痛的弟弟，說什麼也不肯好好配合乖乖躺平，要咬住X光片拍照時更是哭到全身無力，疼痛加上對環境的陌生，讓二歲多的弟弟害怕到不行，而且那是一個尷尬的年紀，沒辦法完全聽懂大人的要求，就算聽懂了也做不到，恐嚇更是完全無效，我們從九點待到十二點才終於結束一次的療程，在那之後陸續又回診了幾次，每一次都讓弟弟又緊張又害怕，等到確定暫時不需要再複診時，連我自己都鬆了一大口氣呀。

大狗醫生

不管是大人還是孩子，需要到醫院就診總不是件太愉快的經驗，我跟小孩們一起看過幾本有趣的繪本，比方說《大狗醫生》，書裡介紹介紹了一些常見於兒童的小疾病和預防方法，因為主角是可愛的狗狗好像比較不那麼嚴肅，兩個小朋友很喜歡，接受度也很高，後來姊姊的幼稚園課程有一個主題介紹的是身體，由此可以發揮的討論就很多了。

老師利用棉花棒的棍子讓他們做出了骨頭人，我們又參考了親子天下雜誌中的範例，利用不同顏色的黏土，捏出身體內的各種器官，這麼一來好像裝了透視眼一樣，藏身在小肚子內的心、肝、脾、腎通通一目了然，配合健康飲食的概念，還可以來一趟食物消化之旅，簡單的概念了解後，還可以延伸相對應器官容易罹患的疾病和保健方法，看到因為抽煙焦黑的肺部照片，兩個人第一時間緊張地拿給爸爸看看，恐嚇他再繼續抽煙肺可是會壞掉。

順著身體器官和疾病的介紹，還有一個很重要的區塊是我想和孩子們分享的，簡單利用他們兩個能理解的語言來說，也就是認識一些特別的小朋友，學習正確的相處態度，和如何提供能力所及的協助，比如我會愛系列中的《我的妹妹聽不見》這本書，從書名就知道想要談的就是聾啞人士，聽不見的人該怎麼辦呢？怎麼上學又要怎麼聽電話，資靚姊姊看了這本書後很有信心地表示，她很會比手畫腳，也很會用臉來表示意思，一定可以幫忙當一個稱職的小耳朵。

同一個我會愛系列中還有其他不同類型的故事，《我的媽媽很麻煩》，《我的姊姊不一樣》，《威廉的洋娃娃》等，想要跟孩子們談的都是家人的大不同，和許許多多的小狀況，身體和精神都會有生病的可能，很喜歡扮家家酒的兩姊弟，被我指派要暫時閉上眼睛感覺不安，關起耳朵、嘴巴休息，來玩比一比遊戲，另一個人則要當小幫手，儘管扮演的時間很短，一時間他們也說不上感想，可是我想這是一個正確的開始，持續下去或許會有意外的收穫。

我們全家人曾經去參加為『奧比斯眼科醫院』募款的單車活動，邊騎著車，邊講自己編的故事給小孩聽，只要有能力的每個人，都付出一點點心力或金錢，就能讓醫生叔叔坐上飛行醫院，去幫助眼睛黏起來的小朋友，如果眼睛打開就能看見爸爸媽媽，這是多麼棒的事呀。

《謝謝你生下我》這本書，是以剛出生嬰兒的口吻來跟爸媽說話，看見懷胎十月的嬰孩和別人不一樣，心情該有多麼害怕和惶恐，看到後面才瞭解，原來他是選擇了最有愛心的媽媽，來體驗殘障人士的生活，因為帶著困難前進，才能了解真正的愛。

體誤生命多變又充滿希望的偉大，這一本書對僅僅五歲的姐弟兩其實不容易讀懂，也不太可能感同身受，可是對已為人父人母的我們卻很震撼。

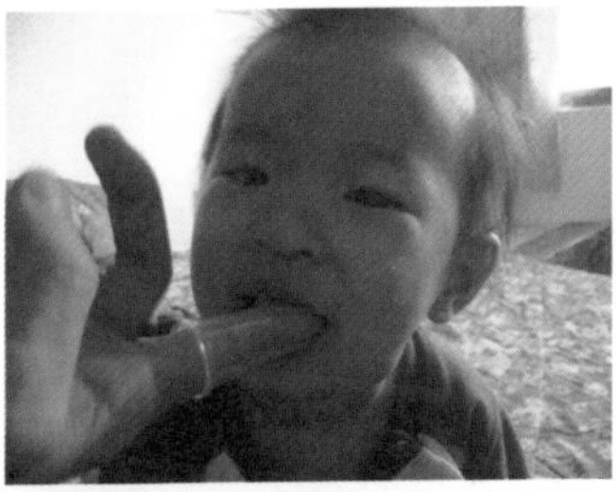

如果擁有健康的孩子，那麼我們面對的是中級的考驗，如果有一天被選為要進入更高階的挑戰時，如何還能保有自信？如何能在掉過眼淚後還能重新生成勇氣？這都是書中想傳遞給我們的信念。

天生的殘疾沒有辦法避免，但是後天可由父母察覺和及早治療的慢飛天使，若因礙於面子或拒絕接受而錯失黃金治療時期，那可就真的得不償失終生遺憾了。

繪本推薦

1. 《鱷魚怕怕，牙醫怕怕》作者／五味太郎／上誼文化股份有限公司
2. 《大狗醫生》作者／芭比柯爾／三之三出版社
3. 《我的小小急救手冊》作者／山田真 漢聲雜誌出版社
4. 《從頭到腳》作者／申淳哉／遠流出版社
5. 《我要去看醫生》作者／麥克西善布利斯／台灣麥克
6. 《安安，和白血病作戰的男孩》作者／艾莉紗白特羅伊特／漢聲雜誌出版社
7. 《方眼男孩》作者／朱麗葉和查理斯／英文漢聲出版社

慢飛天使

藉由早療的評估表來觀察幼兒粗動作和細動作的發展，只要多一份用心，都能幫助天使們飛得越來越好，儘管慢了一點仍然是充滿了希望。

高雄的中央公園是我們一家人很喜歡的去處，搭上長長的手扶梯，看著一旁傾斜而下的小小瀑布，不一會兒一片寬廣的綠意，已經迫不及待地等在眼前，三三兩兩的人們，或席地而坐或輕鬆漫步，順著生態池繞一圈，鴨媽媽帶著一群小黃鴨遊過來轉過去，仔細一看還能看見比手掌還大的烏龜，每次一來到這裡，我們四個人都覺得好放鬆，尤其兩個成天動個不停的姊弟，可以不受拘束盡情跑來跑去，簡直像到渡假村一般快樂，轉個彎就是打狗文學館，裡面萬卷好書怎麼看也看不完，有一次，我們又來到這裡，無意間注意到文學館旁邊那棟小屋漆上了明亮的色彩，看起來就像是為小朋友們佈置的，於是趕忙進去瞧瞧，這一瞧可就發現了寶山。

推門入內鎮館的是社工人員和志工朋友，中間留下了一片天地，讓孩子和玩具自由活動，走上小階梯是個應有盡有的玩具廚房，另一整面牆上擺的則全都是繪本和親子書籍，本來我以為這就是它的全部，後天才發現原來更精彩的是看不見的軟服務，假日有兒童劇團免費在此演出，說故事，遇上節日還會在公園裡辦個戶外大活動，這也是我第一次認識什麼是早療評估師。

大家常聽到的早療其實是早期療育的簡稱，它透過醫療復健，特殊教育，家庭支持和社會福利多方式的全面整合，期望為發展遲緩的慢飛天使，提供適當的課程和幫助，讓小朋友們參加評估的用意，就是希望能在專業療癒鑑定人員的觀察下，提早發現寶寶是否有發展遲緩的問題。

說是評估聽起來好像很嚴重，其實不是這樣，配合活動就像闖關一樣，利用積木串珠，和對答及互動，在外行人的眼中看不出的細微差異，但在評估師看來都像個密碼，訴說著每個小朋友的成長，經過評估後，她告訴我資靚姊姊的手指頭小肌肉力量似乎不足，並不是嚴重到會影響生活作息，可是半年後，最好還是到醫院做個完整的評估會比較妥當。

聽她這麼說，我很意外，因為在我的眼裡她是這麼好動，爬上爬下跳來跳去，還能撐著單槓爬上去，像她這樣的小肌肉，還會被認定為沒有力氣嗎？於是不想等上半年，我掛了兒童心智發展科，到了看診那天，我自做聰明地依樣畫葫蘆從家裡帶了積木等道具，想讓醫生看看她操作的情況，後天才知道過程可不是那麼『青菜』的，每一個人都得先填上一份評估書，連積木能疊八個，或九個都分別算在不同的級數內，下午還需要到各個不同的診療室，藉由丟球，走平衡木，單腳跳，拆解積木，看圖說故事等小遊戲，讓資靚玩著玩著就做好了評估。

而在下次回診時，我們拿到了一份完整的評估報告，測試的結果，的確手指頭的力量稍嫌不足，她在動作的時候會無意識的動用手掌，或手臂的肌肉來幫忙，這也是她常常會在畫畫時抱怨手酸的原因，醫生表示還沒有到必須治療的程度，可是他還是告訴我一些方法，讓我在家幫她鍛鍊，為以後參加大姆指擂台賽做好準備，就放我們回家了。

說巧不巧，去看診的那天竟然還碰到我們的一位鄰居，她的女兒是小學一年級的新生，老師在聯絡簿上建議她需要帶孩子去做身心發展的評估，一看到這個建議她和她先生氣炸了，在她認為他們是

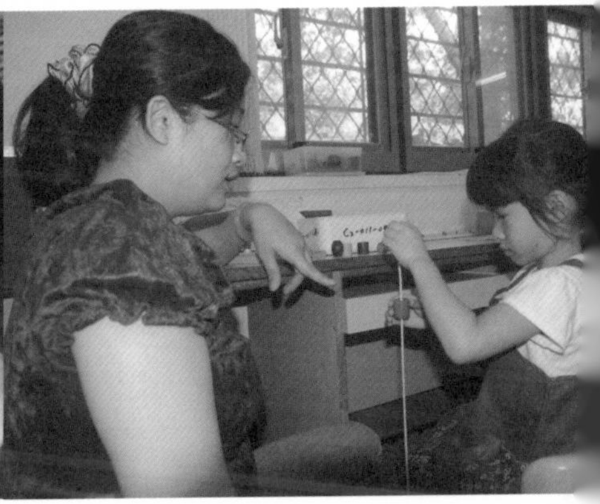

很嚴厲的父母，對獨生女的管教不曾放鬆，賞罰分明，怎麼會需要看什麼醫生。是說我女兒是精神病嗎？

同樣地在等待看診的那天，（我這樣說，應該看不出看診等了很久厚！不過這表示醫生很認真嘛，是吧？）旁邊有一個小男孩由爸媽和阿嬤陪著等，目測看來應該有三到四歲了吧，個子很高看來很健康，可是一開口就知道不太對，因為他發出的音完全聽不懂，一個單字也說不出來，也許是因為真的等了很久，小男孩的爸爸不太耐煩地抱怨，小孩長大自然就會說話了，幹麻要小題大作在這裡浪費時間。

後來下午時我們在診療室又碰面了，評估師拿了一顆球給他，他快樂地笑得很大聲，阿嬤愛憐地說，你看他就是愛玩，評估師搖搖頭說，這其實是很典型的一種表像，情緒的反應過於激動，只是一點小刺激就會有過大的反應，此話一出，三個大人都沉默了，我在一旁都能感受到他們對孩子的擔憂和對未來的害怕很是沉重。

我並不是專業的醫療人員，儘管在網路上讀了許多關於早期療育的文章，也僅僅只是紙上談兵，說的話完全不具參考價值，可是身為一個父母，我在許多的個案中看到的是因為不願接受、感覺丟臉，或是認為小題大作，而延誤就醫的黃金時間。

就像那位鄰居，她說要來掛這個門診，她和她先生討論很久，花了很多時間，調整他們自己

的心態來接受這件事，現在她很後悔，如果早用那些時間花在治療的話有多好，確實在台灣很多人，對於肉眼看不見的病都嗤之以鼻，因為這樣的想法，使得家長對於孩子的小異樣視而不見，再加上素有『大隻雞慢啼』的俗語，只要小朋友白白胖胖，就算該會走了還不會爬，該會講話了還在咿咿呀呀，都把他視為這是大器晚成的象徵。

很多時候，就這樣讓無辜的天使們，錯過了黃金三歲的治療期，以媽媽的心看來真是又可惜又心疼。

很幸運地在我們的寶島上，做這樣專業的發展評估是由健保給付的，我們只需要付出掛號費和時間，就能讓小寶貝接受完整的評估，以我來說，我情願被其他人認為是想太多，也不願意讓我的自尊心影響到孩子。

除了醫院之外，還有些民間團體就像調色板協會一般，藉由活動提供簡易的評估，又或者在施打預防針的時候，請教護理人員自己育兒的小問題，當然也可以藉由早療的評估表。來觀察幼兒粗動作和細動作的發展，只要多一份用心，都能幫助天使們飛得越來越好，儘管慢了一點仍然是充滿了希望。

推薦繪本

1. 《最特別的同學》作者／李莉婷／羅慧夫顱顏基金會
2. 《超級哥哥》作者／趙美惠／國語日報
3. 《勇氣》作者／伯納偉伯／小魯出版社
4. 《受傷的天使》作者／馬雅／信誼基金出版社

推薦給爸媽

1. 《30年的準備只為你》作者／卓曉然／寶瓶文化
2. 《慢飛天使～我與舒安的二十年早療歲月》

他都欺負我

現在的小朋友受到社會風氣的影響，變得非常早熟，他們能夠很容易從電影戲劇和網路上獲取不恰當的訊息。

現在的小朋友受到社會風氣的影響，變得非常早熟，他們能夠很容易從電影戲劇，和網路上獲取不恰當的訊息，把它模仿到生活當中，再加上現在家庭成員較少，爸媽過度溺愛的結果，越來越多的小孩在家裡是唯我獨尊，到了學校，和師長及同學間起衝突的頻率也隨之增高，為了能多瞭解小朋友在學校的情況，父母真得需要敏感一些去觀察。

幼稚園和小學低年級的小孩，通常都還很歡迎父母加入他的校園生活圈，趁這個時期多從同學的態度，和師長的觀察，去瞭解自家寶貝不在你面前時的樣貌，是內向害羞或是有話直說？我常常在去接大女兒下課時，特地進去到班上繞一繞，無非是想多認識她的同學，製造和她聊天時的共通性話題，年紀小的孩子很難回答很籠統的問題，你問她今天在學校做了什麼呢？她十之八九會回答，沒有做什麼耶，可是如果可以帶入人名，提問地具體一點，就能勾起她的片段記憶，從中得知她在學校的情況，我常常到教室打轉，班上的小同學們漸漸認識我，看到我來，總是會主動跟我問好，有時候還會跟我告狀呢！

孩子受到侵擾是父母最最害怕的惡夢，我根本不願去想像，辛苦養育的小寶貝，在校園裡有可能會面臨被霸凌，被性騷擾甚至被性侵害，我們不可能24小時在孩子身邊，也沒有辦法控制事情的發生，可是，父母必須而且一定要做的事情是，教導小寶貝們如何保護自己，適當的反擊，即時的求援，和絕不要成為加害者。

啥米是霸凌

普遍被接受的校園霸凌定義，是由一位挪威學者Dan Olweus所提出來的，一個學生長時間，並重複地暴露在一個，或多個學生主導的負面行為之下。

兒童福利聯盟文教基金會又將霸凌分為五種，分別為肢體、言語、關係、性霸凌和網路霸凌，由此可知，會被稱為霸凌的程度，並不是一次意外或是偶然發生的行為，被欺負的人通常會一而再，再而三地受到攻擊。

『阿宙』教我採收芒果。

不論是言語，肢體，社教或是透由網路等方式，以我自己的經驗來說，除了打架這種明顯的肢體霸凌，容易被界定和處理外，女孩間常見的言語辱罵，網路攻擊或是孤立排擠等，很容易被大人以小朋友小題大作為由被忽略。

像是：我們不要跟你玩，或是指著發育較早的孩子喊她大奶妹等，這些其實已經構成關係和言語霸凌。可是因為它很難被舉證和發現，就算當場被捉包，也通常只是口頭勸導而不見改善。

就算受害者一再向師長反應，也只是被更惡劣地稱為爪耙子，陷入惡性循環而已，可是這種方式的霸凌，對小朋友心靈和自信的影響其實非常大。所以追溯源頭，最根本的解法還是得從家庭教育來著手，防不了攻擊，至少得替自己築起一道隱形城牆，孩子第一個校園經驗也就是幼稚園，因為年紀比較小，惡意且主動的肢體攻擊其實很少見，即便是動手推打，也多是偶發爭搶玩具所發生的口角或推擠，比較少是針對個人的行為，不過排擠同學的情形，其實已經可以觀察地到，尤其女孩間常常都能聽見，我們不要跟他玩啦的話語，雖然小朋友的情緒像風一樣，一轉眼就消失，也會和好如初，家長和老師仍然需要及時導正這樣的心態，使用合適的方法，讓小小孩建立正確的人際相處方式。

愛因斯坦說過：「這世界不會被那些作惡多端的人毀滅，而是冷眼旁觀、選擇保持緘默的人。」在面對霸凌時，最困難的事或許就是當個挺身而出反抗的聲音，尤其當欺負人的是自己的朋友時，更是困難，培養正義的勇氣很不容易，想要和小小孩解釋打人和自保的意思也很抽象，大穎文化出版了一本名為《不想被大野狼吃掉的小綿羊》，談的就是這樣的事。

我把故事說給文文弟弟聽後，問他該怎麼辦時？他的回答很有趣，他說如果被欺負的人是不認識的妹妹，他會去告訴老師，但是如果是姊姊被欺負，他一定要去用力踢他，對象不同做法竟然也不一樣，果然不袖手旁觀的種子還是得慢慢養成才行吧！

保護自己

讓孩子學會保護自己是件很重要的事，外在的身體，和內心的自信都是一樣重要缺一不可，它又可以分為幾個方面：

一、身體自主權

在兩個小朋友學說話認識身體器官時，我總利用洗澡的時間，趁機實施機會教育，告訴他們男生和女生身體有什麼不同，要尊重他人也要保護自己，除了爸爸媽媽外，（在部份家庭中，爸爸或其他男性長輩也可能是狼人，但這比較需要由母親來發現異樣，幼小的孩子不太能做出判斷和反應）不能讓其他人觸摸胸部，性器官和屁股。

就算不是這些部位，只要他摸你的方式讓你覺得不舒服，或是翻你的小裙子，你都要立刻大聲拒絕他，離開現場，並且即刻告訴我。從一些個案中，發現很多受侵害的孩童不敢求援，是因為施害者通常是經常出入家中的熟人，這種人常常告訴小朋友：「你告訴爸媽他們會生氣喔」，「你應該不想惹爸媽生你的氣」等詞句為要脅，讓小朋友身體受到傷害，還誤以為是自己的錯，因此父母親一定得不斷重複叮嚀孩子，如何隨時隨地保護孩子。

除了繪本說故事外，我更常使用的方式是睡前的床邊故事，將他們倆人變成主角，套入各種容易發生危險的地方和情景，讓姐弟輪流回答我的問題，透過故事一次一次加深他們的印象，訓練隨機應變的能力，雖然常常都會有出人意料的答案，但是多練習也是好的呢，有一次，弟弟就說：「我現在已經不怕迷路了，因為我有導航，快要迷路的那天，我會把它從爸爸車上拿下來帶在身上的」。聽了真讓人傻眼啊。

二、自信心的建立

從近年來兒福聯盟所做的調查數據中，可以發現，最常見於校園中的霸凌並非外顯的打架事

件，而是讓人一箭穿心的言語和關係霸凌，而且像這種口頭為人取綽號或是嘲笑外型、性向或貧富的事件，並不只有在校園內發生，成人社會，職場也處處可見比比皆是，甚至還有很多人誤把它當成幽默，實在是大錯特錯。我希望給孩子打的預防針是雙方面的。

第一個方面，可以要求和教導的是自己的說話方式，培養同理心，設身處地為人著想，我不希望聽到別人說我的壞話，那麼我也不可以這樣嘲笑別人，欣賞和讚美他人努力得到的成果，關懷對方，一個人不說，二個人不說，慢慢地，就能影響越來越多人說好話的習慣。

五六歲的小朋友說話很直接，卻很少是有惡意的。大人就不同了，有一回班級同學參加活動，老師讓他們搭著肩膀前進，但是隨著隊伍一拉長，有的人落了隊，有的人改成抓衣服，陪在一旁的家長跟在兩旁，只注意有沒有人轉錯了彎，跟錯了人。

隔天，坐在女兒隔壁的小女生跑來跟我說：「我媽咪說貧靚好討厭耶，因為她都拉到我的帽子會害我痛呢。」，聽到她這樣說我有些意外，趕忙跟她說抱歉，同時卻也告訴她，說別人討厭會讓對方傷心，下次不要這麼說好嗎？可愛的小女生點了點頭跑走了，留在原地的我思緒卻還在打轉，成人的心思複雜地多，說出口的評價，影響地其實就是孩子價值觀的形成，隨意說出的批評，隨著年紀的增長，殺傷力就會越來越強。

第二個方面我希望能讓孩子明白的事是：你的價值不只在他人的嘴裡，更在你自己的心裡，沒有一個人是絕對的完美，知道擅長的優點在哪，無能為力的地方又在哪，我家大女兒是班上年級最小，身高也最矮的女生，我總是告訴她，如果有人說你矮，你可以笑著說，對啊雖然我很矮，可是我很會畫畫來回答，（當然啦如果是我，我總是強調我是一五〇公分界裡，最漂亮的一個來回答），轉一個彎來化解，嘲笑就沒有那麼刺耳。

媽媽的工作績效真的很難評量，我們不會主導一個併購案，不能談成一個大客戶，可是我們可以在看起來好糟糕的社會下培養新的希望，就算景氣好差，政治人物表現不盡滿意，社會的未來，仍然掌握在這每天的把屎把尿手中，用心教育一個孩子，仔仔細細地調教出好品性，好人格，這就是最大的價值了。

推薦給父母

1.《你的孩子被霸凌了嗎？》作者／李巍／驛站文化事業

2.《終結霸凌》作者／王美恩／天下雜誌

繪本推薦

1.《豆子！來玩！》作者／李如玉、黃天佑
2.《我是老大》作者／提利・米奇／巴克出版社
3.《不是我的錯》作者／雷克理斯強森／和音出版社
4.《巧比真討厭》作者／陳昇悅／狗狗出版社
5.《不用還的錢》作者／葉雅琪／螢火蟲出版社
6.《不可以搶我的糖果》作者／理查伯恩／格林文化
7.《敵人派》作者／德瑞克莫森／道聲出版社
8.《珍妮小霸王》作者／艾莉克斯歐尼爾／天下雜誌

Chapter 4 

爸爸的功用

一直以來江湖上都有個傳說，據說只要結了婚男人就會變成另外一個人，如果是這樣，那麼我希望我老公可以因此變成好野人，當然啦，我猜不太可能這麼順利，但是也沒料到，竟然會變得這麼慘……。

爸爸變身

拜臉書之賜，人在家中坐，都還能和好多朋友同步生活，有一回我們一票同學，一起在網路上陪男同學倒數寶寶出生的時刻。

一直以來江湖上都有個傳說，據說只要結了婚男人就會變成另外一個人，如果是這樣，那麼我希望我老公可以因此變成好野人，當然啦，我猜不太可能這麼順利。

但是也沒料到，竟然會變得這麼慘，因為他不但變了身，人格也跟著分裂，變成一個世間少見的『廢人』，和『負責打人』，而我則是更淒慘地變成『爆米花』，隨著每次『廢人』的發作而爆發。

就像是：

『廢人』要出門時會問，我的襪子呢?砰!爆炸!

『廢人』回家時會問，遙控器呢？砰！爆炸！

『廢人』洗澡時會問，內衣和內褲在哪！砰！爆炸！

『廢人』要去已經剪了三年頭髮的沙龍，從出門開始連續問了三次的路，都還不確定，你以為這時候該爆炸嗎？且慢，請稍等一會，等我繼續說完，那家沙龍的路並不複雜，而且就位在結婚七年來，每個禮拜都會去的我娘家的巷口，沒錯，此時不砰！更待何時？快跟我一起盡情地砰！砰！砰！砰！砰！

這樣看來和『廢人』一起生活是不是好無聊呢？

不不不，因為『廢人』是個雙子男，興趣多變到令人無奈的地步，

雙子男某天神秘地帶回了一本『異形百科』，接著就帶著我們走遍所有他找得到水族店，是的，異形其實是鯰魚的一種，此魚種最常見的就是吸附在牆上的垃圾魚，走遍大街小巷，找的魚只是整天黏在魚缸牆壁上，才剛想翻個白眼來表達無奈時，雙子他已經又變興趣了。

新的興趣是組合鋼彈模型，不但逛店家，上網觀看日本模型專家的教學示範帶，抱回好多罐的廣告顏料，粗細不一的畫筆，還要細心地命令我把砂紙裁小塊，事前準備了好久，以為終於要開箱製作時，雙子又變興趣了。

他的新夢想是擁有一塊農地，假日活動變成到處看地，就這樣他一下要養鱉，逼迫我研讀鱉

病防治大全，一下想養海水魚，得研究在淡水加鹽巴的比例，然後突然地又轉向對電子材料著迷，再來想要養大型的巨龜，需要一個保溫燈，又想學習組合紙模型，不斷嘗試，利用不同厚度的紙來組裝效果會如何？

接著想蒐集桌遊遊戲，心願是去德國瘋狂採購，然後想製作自己的牛皮皮件，一個人在書店專心研究到有妹妹來搭訕，現在的最新興趣是聽古典交響樂，想要架設個家庭劇院，而且雙子男並不是『青菜說說』，他可是每樣事情都很認真地研究，不但是自己看，還會跟我分析各個東西的優缺點和好壞。

我總說，如果我把他脫光光用一條繩子綁著，他都會不斷研究，要求再買一條更好的繩子，你說，是不是好無奈？還有更令人抓狂的呢！

除了罹患有眼看不見症和興趣廣泛之外，『廢人』對時間的安排也著實令人費猜疑，常常我們一家四口已經說了要出門，他老兄不趕快去準備，卻開了電腦播CD跟著一起大聲唱，看我瞇眼瞪他時，他還趕忙解釋說，不知道為什麼突然好想聽聽任賢齊唱歌。

就是因為每次都有這種突發之事，常常會發生和朋友相約卻遲到的事，如果是他的朋友也就算了，但是他的遲到嚴重是連我婆婆都發聲說：「她是長輩，我們卻讓她等這麼久，實在很失禮。」的話，在這之後，只要是和我婆婆的約會，我都得頃全力防止他慢吞吞地動作。

曾經我試過亦步亦趨地跟在他旁邊，想以背後靈的怨念來恐嚇他，但是常常跟著他這樣快速奔跑於一、二樓間我又實在跟不上，於是改以坐在一樓門口等，想造成有人等待的壓力，無奈；都完全沒有效果，我們大吵地溝通倒底要給他多少時間準備，只見他認真地搖頭晃腦後，說出三個小時這種答案，難道早上九點要出門，我還得訂六點的鬧鐘來叫他嗎？

你說荒不荒唐？終於有一次是好不容易讓他快了一些些時間出門，等走到停車場時，他卻大叫一聲說要回家一趟，因為他腳上還穿著室內拖鞋呢！人客呀，像這種情況下，要是只拿狼牙棒打他都算修養好的，是吧？那一刻我，真的深刻體會到氣得吹鬍子瞪眼睛的心情，這樣的人究竟會怎麼當爸爸呢？

特別時刻

拜臉書之賜，人在家中坐，都還能和好多朋友同步生活，有一回我們一票同學，一起在網路

爸爸進行式。

上陪男同學倒數寶寶出生的時刻，看他不停地更新陪產的心情，我們也都跟著一起感受到他的緊張又期待的心情，終於母子二人平安地推出產房，男同學為老婆的辛苦，感動到幾乎落淚，也深受感動地我，開始在腦海中翻箱倒櫃地尋找，我們家小新爸在產房的模樣。

嗯～第一次時他在產房看來確實有些緊張，醫生抓出女兒時，他還驚乎地說：「妹妹出現了呀！」到了第二胎時，他已經準備充分，一手拿相機，一手拿大包包遮臉，還開心跟醫生聊天，偶爾穿插一句，快了快了，看到囉，諸如此類心心不在焉的加油話語。

而且待之後回憶起此事，我問他究竟看到了什麼時？他回答，根本什麼也沒看到呀，他只是說這些話，讓我誤以為寶寶要出生放輕鬆一點罷了，歪唷，怎麼別人家的故事都好浪漫，我們家永遠都走諧星路線？

而且，那時候的他完全是一個天兵爸爸。

有一回看著小資靚騎著三輪車在門口玩耍，爸爸可能是想表現一下父女同樂的天輪畫面，於是大手一揮，把小孩連同腳踏車一起從斜坡上推下來，我都還來不及出聲阻止！只見車翻小孩倒，大哭著爬起身時，小臉蛋都擦破了皮，唉，算了算了，看在他現在已經是一個超級稱職黑臉，卻又深深擄獲小孩心的爸爸，就別再跟他計較。

倒是，正在看書的各位，請快拿筆寫重點，因為照他的方式做，帶起小孩來會變得很輕鬆，只要動口不用動手，準備好了嗎？一起往好爸爸邁進吧！

這可能是全世界唯一縮錯腳的一家人。

轉變

在當新手爸媽的頭一年，我們可是像分站在澎湖的跨海大橋兩端那樣意見分歧，吵到幾乎想要離婚的地步呢。

從第一章開始看的讀者應該還有些印象，不過為了從此章才翻開書的朋友特別再解釋一番，現在在孩子面前呼風喚雨的小新爸，幾年前，我們可是像分站在澎湖的跨海大橋兩端，那樣意見分歧，在當新手爸媽的頭一年，不停地爭吵，吵到幾乎想要離婚的地步呢。

現代的很多爸媽都認為應該要尊重小孩的意見，不想用規定或高壓來教養孩子，不可以跟孩子說不，只是太多人包括我自己，都把尊重和愛的教育看得太寬大，變得讓孩子牽著我的鼻子走，該做的事做不了，又因為不斷地跟在他們身後善後，搞得自己疲憊不堪，情緒大壞，在育兒的前一兩年，小新爸不斷地想點醒我這件事，看不清事實的我卻一談就大吵，認為對方不感激我養兒辛苦，還一直不斷批評，簡直讓我忍無可忍，後來因為一次的住院經驗，給了我當頭棒喝的醒悟。

那次文文因為腸胃炎住進了醫院，在我們隔壁床位的媽媽，一次帶了兩個小孩同時住院，稍大的姊姊約莫是一或二年級，弟弟則僅有兩三歲，每次的用藥時間，護理師都會要求媽媽幫姊姊做吸入式的治療，（把藥像呼吸那樣吸入肺部好減緩咳嗽的症狀），可是姊姊很不想做，媽媽也由得她去；等到下次護理師再來時，媽媽還很無奈地抱怨勸不動姊姊，當時護理師的回答，到現在都還讓我警惕在心。

她很直接地對那位媽媽說：「你才是媽媽，你應該懂得事情的輕急緩重，要求她用藥是為她好還是在害她，她不懂難道你也不懂嗎？」說真的，她的這一番話真像個照妖鏡一般，完全讓我看清我在小新爸眼裡的模樣，我完全忽略了，身為父母最重要的功課之一，就是為懵懵無知的娃兒設定一個規範，幫助他們走在所認可的範圍內（當然這是指在人格與人性方面），而不是要限制小朋友創意或性向的選擇，把不可以跨越的線清楚地劃分出來。

就是像不能偷竊，不要欺負幼小，在公共場合表現出有禮貌的態度等等。將請勿進入的區塊標明清楚，剩下的大片空白就可以讓孩子自由發揮，於是，我摸摸鼻子，認清我以前的做法確實有需要改善的地方，為了想了解小新爸的法寶，我特地挑了個良辰吉時，先是美言他幾句，讓他心情大好，趁著他被讚美灌得『茫酥酥』時，好好地來訪問他，據他實驗在兩個小孩身上的方法，找出最稱職黑臉的做法，而且這樣的做法越早實施越有效喔！

稱職黑臉

在教養小孩時，爸爸媽媽通常都會分別扮演黑白臉的角色，因為我本人皮膚晶瑩剔透，白臉透紅，理所當然地選了白臉角色，（其實是因為太懸管不動小孩啦！）小新爸自然就當了黑臉，在我們的家裡，想要實施的是愛的教育，搭配鐵的紀律，並且毫不避諱地支持體罰的實行，在我認為其實體罰，並不是強調以暴制暴或是大欺小，那是一種程度上的責罰，為的是一種警惕，提醒的是，請你絕對不要犯這樣的錯誤。

就像打破花瓶只需要口頭警告，但如果你拿起打火機燒報紙，抱歉我會打你的手心，我們希望這種處罰備而不用，不需要動用愛的小手是最終目標，但想達到這個目標可不是那麼容易的，如果說零體罰是金字塔的頂端，那麼堆疊在底下一塊塊大石磚，則全都需要耐心和愛心來填滿，而這需要父母雙方無間的配合。

就像之前訓練寶寶就寢時的理論，五、六個月開始會坐會爬時的小孩，對於肢體語言比言語更容易了解，這個時期的寶寶，剛好開始要動動手、動動腳，伸展他小手來抓東西，把任何拿得

爸爸雖然很兇，但晚上都偷偷摟著小孩睡覺。

到的小玩意放進嘴巴裡，接著就是不斷地丟東西，這是肌肉發展的過程和發展，做為父母當然不需要限制他們的活動，可是放眼我們的周圍的環境，實在有很多物品，不適合讓小娃兒拿著玩耍，只要到了這個時期就可以開始黑臉訓練。

簡單來說，畫界線的第一步就從什麼可以玩什麼，不可以玩開始，有時候到朋友家會看到小娃兒拿著遙控器，或手機把玩，儘管大人嘴上說著髒髒不可以，可是完全沒動作，或是搶下了東西，孩子一哭就又放還給他，還有些人會邊打孩子的手背，邊笑邊罵，就是因為大人這樣不清不楚的態度，讓小朋友很困惑，媽媽說不可以但是我一哭就會讓我玩，所以結論是可以對吧？

小新爸的做法是，只要資靚做了不該做的事，他就會擺出生氣的模樣，可以是堅定嚴肅的眼神，定定地盯著她的眼睛直到她退縮，或是整個臉部神情和姿態都和平常不一樣，情節再嚴重一點時，還會加上拍桌子或是說不行的聲音。以拿遙控器這件事當例子來說，她第一次拿起來時，你盯著她告訴她，這不是玩具不可以玩，並且把她的玩具遞給她，第二次她再拿，你還是盯著她說，這不是玩具不可以玩，再把她的玩具給她，相信我，她不會再去拿第三次，因為她確確實實地了解了。

還有一次的經驗，讓我印象非常深刻的，有一回我們開車出門，那時候資靚大概七八個月左右，初為人父母，我們總愛做很多實驗，這一次我們想知道的是，她究竟知不知道自己的名字？於是，我們一個人抱著她，另一個人趁她看窗外的時候，先是出聲說話，說的是我的名字，這小姐一直沒回頭，第二回喊了她的名字，她立刻回頭，當時我真是萬分驚喜又感

動，覺得好不可思議，才在誇獎她時，她伸出手想去開車門的門把，雖然當時中控鎖是鎖上的，可是萬一她哪一次拉車門時車門開了，那後果可是不勘設想，於是小新爸立刻要我拍一下她的手心，嚴厲地說不行，這樣重複了幾次後的結果是，從那時候到現在，她再也沒有在車子行進間摸上開門的門把。

像這樣從小地方建立起規範，看來好像影響不大，放水個幾次似乎沒什麼大不了，可是其實這樣程度開始的黑臉訓練，其實是最容易實行，效果又最顯著的。

在孩子幾個月時，就明確讓他們接受規矩的限制，慢慢長大後隨著言語的理解，和自制力的養成，對於爸媽的要求就越能理解和接受，當然孩子並不是機器人，輸入一個指令就會完全照著做，尤其到了二歲的搗蛋期，開始有了些自己的意思後，一定會不斷的去嘗試各種的事情，在這個時期，父母一定要繼續堅持你所希望的規矩，對就是對，錯就是錯，不要反覆無常，讓孩子無所適從。

我知道這樣的堅持，對親子雙方其實是非常不容易，尤其有時候工作了一整天又累又倦，要打起精神和小孩奮戰就已經很不容易，還想要持續做到要求和堅持，更是不

請巷口便利超商阿姨幫我保管玩具

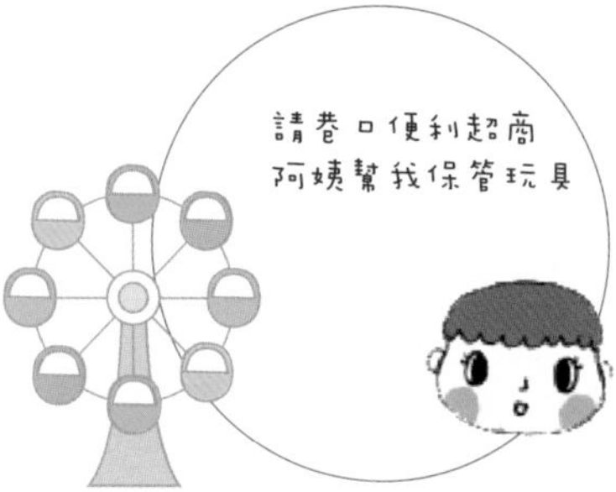

容易，但是這就像所有事情一般，開頭總是最難的，只要持續地讓孩子養成習慣，就不會陷入打打罵罵，卻沒有效果的惡性循環。

小新爸爸別的長處我暫時還想不到，倒是特別有毅力，靠著這樣的黑臉，訓練成功的讓管教小朋友變得比較輕鬆一些，再舉個買玩具的例子來說好了，小新爸規定只有過年時，才可以買玩具，平常時間只可以看一看。

對兩三歲的弟弟來說，玩具實在是最有吸引力的事，可是就因為爸爸的規定很明確，於是咱們的文文弟弟不管在那裡看到玩具，都是拿起來專心地看一看、比一比，放回去前還不忘交代過年時要買這個給他喔。他那種專注不捨，但又堅定放回去的態度，實在很逗趣。

就連我們家巷口便利超商裡的阿姨，都會配合地回答他：「好的，阿姨會幫你保管好，等你過年來買。」

你瞧，只要不留下灰色地帶，黑白線劃清楚，小朋友挑戰幾次，確定爸媽真正不會動搖後，就能照著做，省去很多哭鬧的次數，大人小孩都高興，實在是一舉兩得，你說，是嗎？

換個方法說

現代的新新父母很不喜歡從前的打罵教育，對於那種罵小孩是笨豬，或是白痴的話，非常不以為然，當然在我們家也是理當如此。

現代的新新父母很不喜歡從前的打罵教育，對於那種罵小孩是笨豬，或是白痴的話，非常不以為然，當然我們家也是如此。

的確；誰都不喜歡被責罵，尤其是被年長許多的人指著鼻子罵，卻又不能反抗，是多麼令人沮喪的事，我家的爺爺奶奶，在我表弟小的時就很喜歡暱稱他是壞蛋，叫他壞蛋時，笑容滿面滿是寵愛的神情，任誰見了都知道那並不是罵人的話，一直以來都沒有什麼問題，直到我們家文文弟弟會講話後，有一天我爺爺對著他說：「阿宙的小壞蛋來囉！」沒想到這小子卻鼓起了腮幫子，抗議地說：「我不是壞蛋，我是乖寶寶！」此話一出就像個震撼彈似的，讓大人們忍不住感到抱歉，於是，從此後，只要文文一踏進阿宙家的門，爺爺奶奶立刻摟著他說：「乖寶寶回來了」，然後爺孫三人笑成一團，文文也因此表現的特別乖呢。

不過雖然大家都喜歡聽好話，但若是因為怕傷了孩子的自尊心，而完全不責罵，那可就不是件好事囉！

犯錯是小孩的權力，他們經由不斷犯錯的過程來了解是否對錯，坦白說，那也就是很多人會覺得小孩真是個惡魔的原因。當然我也是一樣，每天都在搞定這個，糾正那個，有時候實在是被兩個小朋友氣得七竅生煙，忍不住想要大吼大叫來發洩一下，不過說真的，這實在沒什麼幫助，久了還會被冠上『河東獅吼』的封號，實在是有損我文藝美少媽的氣質，於是讓我們來參考一下小新爸的方法吧！

現在，你要選哪一個？

雖然很不想承認，但小新爸罵人的方式實在比我好很多，首先是我們都有共識的事，也就是無論有多生氣，都要求自己對事不對人，責罵資靚和文文的原因是因為他們做錯事，目地是希望提醒改正，絕對不可以是為了發脾氣而發脾氣，有了這樣的認知後，處理起來確實比較可以跳脫自己的情緒，來面對這兩個小搗蛋。

在我們家最常使用的體罰是罰站，站的時間都很短不超過十分鐘，因為用意並不是要孩子的身體受到傷害，主要只是要讓他們從爭吵，或推打的場面中退開，小朋友總是玩玩又吵吵，如果看苗頭不對，一旁的我，或小新爸其實就會先出聲提醒制止一下，但如果在我們都沒有看見的情況下，兩個人已經起了爭執，第一時間一定是先送去面對牆站好，讓他們的情緒先緩和鎮定下來，之後再叫到面前問緣由。

雖然這種事總是公說公有理婆說婆有理，怎麼解釋也都是對方的錯，更多時候爭執的點小到罰站完都已經忘了，如果還沒忘也不用急著當仲裁者，讓兩個人自己提出可以解決的辦法就好。

所以小新爸罵人的公式常常都是這樣：「你們兩個去罰站」。這兩隻人就算是心不甘情不願，也還是得乖乖面對牆壁站好，等看著他們兩人肩膀不再抽搐，呼吸變得比較平緩後，爸爸才會把人喊回來，聽完兩個人各自的解釋後，就會接問：「你們要選繼續罰站？還是要選好好一起玩？」這種明知道答案的問題，看似很蠢但其實很實用，因為是自己的選擇，小朋友會很甘願放下爭執，回歸到合樂融融的情景。

再舉五個例子

資靚姊姊有一次拿了一隻牙籤，去戳液晶電視的螢幕，如果是我，我想我的處理方式應該是制止她再犯，但小新爸可就不只如此，他一定會問為什麼？而且是追根究底，打破砂鍋問到底的問法，正著問、反著問，問到小孩真的無力招架，之後，他還會再追問，要姊姊舉出五個不可以拿來戳螢幕的東西，只見小孩歪著頭絞盡腦汁地想答案。

在另一個房間，隔空聽父女對話的我真的好生佩服，爸爸沒有動怒，無須提高聲調，只是平平靜靜地一問一答，但是，我想這樣的責問方法一定會讓小朋友留下很深刻的印象，幾乎可以打包票，資靚姊姊就算長出雄心豹子膽，也不會再犯了。

為什麼我要買玩具給你呢？

做為父母常常會討論的是，希望孩子能擁有什麼樣的特質或性格，比方說：能夠思考、有想像力，做事情有條有理，善於表達自己的意見，樂觀，富有同情心，有禮貌等，問題是光用想的是不可能達成，所以最困難的就是，用什麼樣的方法把這些事情用孩子的語言教給他，而且還不會無聊。

舉一個小新爸很擅長的方式來說吧，就說善於表達自己的意見這點好了，現在有好多小朋友，問他問題時，第一個回答就是不知道，問他的意見就用，「嗯；嗯」這樣的網路用語來帶過。

他的腦海裡，有沒有萬馬奔騰的思緒我不確定，但他沒有辦法完整地用口頭陳述出來，轉換成文字也是一樣，當然作文的能力因此變得比較弱，導致十二年國教實施後，很多爸媽得把家中寶貝送去補習作文，靠著上課來教他如何思考。

在我們家訓練的方式是這樣的，有點像在談判，告訴我你想要什麼？為什麼？比較的過程是什麼？最後要如何說服我，聽起來非常嚴肅對吧？

其實轉換成孩子的語言後就變成這樣，

「你想要買這個玩具？為什麼呢」

「因為你說過只有過年時可以選玩具」

「那你為什麼喜歡這個，那個不好嗎？」

「因為這一盒玩具裡有一個娃娃和她的家，還有一隻小狗，我喜歡這隻狗，另外一個的娃娃是開車車，那是弟弟喜歡的。」

「原來是這樣，可是你已經有很多玩具了，還需要買嗎？」

「因為現在是過年呀，過年時候小朋友都可以選一個玩具，而且我都有自己收玩具，好好愛惜，星期三的時候還可以帶去跟同學分享。」

「那你有賺錢嗎？沒有錢不能買耶！」

「媽媽說每次買完東西把推車推回去的話，我就可以把十塊錢收起來，我有錢。」

就像這樣的問題一來一往，小新爸有耐心到幾乎可以說是到了鬼打牆的地步，重點是，兩個小朋友完全不覺得他們在練習的其實是，嚴肅或是無趣的思考模式，到最後還會因為成功說服爸爸，得到朝思暮想的新玩具而開心不已，換個方式說話真的可以有很大的差別。

量身定做的誇獎

從前只有資靚一個小女孩時，誇獎是件很簡單的事，只要用普羅大眾都喜歡的說法，就能滿足她，但是文文稍大一點後，我漸漸發現這好像越來越不管用，因為入戲很深的小子，開始要求我要誇他是個『有用的小火車』。沒錯！就是風靡小男孩世界的湯馬士小火車中的對白，只要他做了什麼很棒的事，都會要求我讚美他是個『有用的小火車』。

於是在那一段時間中，對他最高等級的稱讚就是：「你是一個真正有用的小火車，可以獲得一次額外的沖洗（洗車的意思）」。什麼跟什麼嘛，真是太好笑了，就這樣隨著他心頭的愛好不同，誇獎的用詞也得跟著變化，最新的台詞是：你飯飯吃得很多耶，簡直像肉食性恐龍一樣強壯。看來這客制化誇獎法應該可以讓我再一次走在時代的尖端吧！

因為他值得

看到在稱職黑臉管教下的兩個姊弟，會不會覺得他們很可憐或是壓力很大呢？好像爸爸說一小孩不敢說二，完全壓制想法或思考，會不會因此變得很懦弱？其實不是這樣的喔！在規矩常規方面，確實因為小朋友很清楚界線在哪裡，只要在這個範圍內，怎麼玩都可以，不需要老是大吼大叫，用不著拿著棍子追在孩子後方。

平常日的晚上，四個人各據一方相安無事，親子間的情緒很歡樂，假日的時候全家人一起出門去盡情遊玩，運動伸展筋骨，兩隻猴子身手矯健地，好像李堂華特技團，小腿肌肉超級結實，但是能動也要能靜，為此，我還特別花了很多心思，從培養專注開始，激發他們的想像力，應變能力，和閱讀的習慣，我們兩個人抱著必須千錘百煉的心情，一次又一次的把教養融合在玩樂中，儘管過程總是小狀況不斷，但是堅持總是會有收穫，現在看到每天姊姊都會拼著注音，講完整本繪本給弟弟聽，就覺得還是值得的。

抓住孩子的心

在資靚、孜文兩姊弟的心中，爸媽的分工非常明確，食、衣、住、行的問題找我，玩樂的時候絕對黏著爸爸，一點也不會搞混。

上一個世代的爸爸給人的印象，都是極其嚴肅和不可親近的，我姑姑就說過，以前他們還是小孩時，要是遠遠看到她爸爸（也就是我爺爺走過來），一定想辦法在還沒被發現前，趕快繞路走掉，非不必要絕對，不要有碰面的機會。我想當時他們的心願應該是，可以練成鷂子翻身，和飛簷走壁，一看到我爺爺就能翻上人家的屋頂速速逃走，要說是不願狹路相逢的仇人，倒也是不至於，不過基本上就是把爸爸當成蟠龍花瓶，只可遠觀不可褻玩焉。

時至今日，爸爸當然已經是從花瓶進化成孩子的大玩偶，就算是公認世紀大黑臉的小新爸，也不願意讓兩姊弟對他除了畏懼外，沒有其他情感，所以他想了個法子徹底抓住孩子的心。

爸爸好好玩

在資靚、孜文兩姊弟的心中，爸媽的分工非常明確，食、衣、住、行的問題找我，玩樂的時候絕對黏著爸爸，一點也不會搞混。還記得第二章時我說過，從前小新爸和資靚兩個人，分屬楚河漢界，除了我這個使者外，根本不知道怎麼互動，為了改善這個問題，我們想了個辦法。我們夫妻先找出現階段，對孩子最有吸引力的事是什麼？把這件事完全地留給爸爸，藉此拉近彼此的距離。

於是有了這樣的對策，星期一到五爸爸上班的時間，我帶著他們兩人時，絕對不去看玩具，就算在書店的兒童書區看書，旁邊就是玩具區，我也會用莫可奈何的表情說道：「抱歉喔！玩具的事媽媽看不懂，等爸爸回來帶他來看，因為他很厲害，超級會玩玩具呢。」在電視上看到玩具廣告時，還要誇張地強調地說：「天呀！這看起來好好玩，可惜我不會操作，一定要記得告訴爸爸讓他教你喔」。

等到爸爸星期五晚上下班從宿舍回到家，兩姊弟一聽到外頭傳來中控鎖嗶一聲的聲音，便會立刻彈起身，像箭一般射出去迎接他，七嘴八舌地開始報告這一個禮拜的大小事，受到等同夏威夷般熱情歡迎的爸爸，自然也是心情大好地有說有笑。

週末期間，爸爸會帶著兩個小孩去逛玩具店，父子三人能在店裡頭逛上一、兩個小時，仔細

地比較各種配備，儘管只有過年才真的可以買，但是爸爸認真，和他們討論的樣子，讓小孩很放心地相信老爸，等到禮物買回家後，小新爸還會跟他們一起坐在房間的小桌上，研究這個怎麼裝，那個怎麼擺，而且不只是男生喜歡的車或機器人，就連姊姊喜歡的貼紙簿，娃娃的家，爸爸都會跟著一起佈置。

除了物質的吸引力外，雙子座的爸爸，總是有滿滿的鬼點子來陪孩子們玩，下雨時，他們三個人會一人拿一把雨傘，在院子裡踩水，踢水花，到了公園，會有賽跑大會，跑到最前面的路燈折返後的第一名，可以讓爸爸抱五分鐘。

到了大草原，兩個人要匍匐前進到遠方，挑三片最大的葉子後再滾回來。回到老家的田裡，一個人拿一根樹枝，當寶劍穿梭在樹叢間探險。

諸如此類的事情，讓孩子們覺得爸爸真的很好玩，去到什麼玩樂的地方，如果只有媽媽，爸爸不在就會遜色很多，除此之外，爸爸還有個長處，他能讓不好玩的事也變得好玩。

比方說有一回，我們到了溪頭森林區，裡面的樹木高聳入天，輕柔的山嵐依附在山脊間，微微的薄霧讓人忘卻了盛夏的炎熱，漫步在其中呼吸著芬多精，心情完全地放鬆下來，可是這浪漫的步行，對小孩子來說，其實是很累人的。

兩個人從連跑帶跳，到了最後頻頻喊腳酸，如果是我，除了安撫外別無他法，但爸爸就不一樣了，他一手牽起一個小孩，說要帶他們去找青蛙。

走著走著，突然蹲在路邊要他們仔細看，看了兩三分鐘後，弟弟耐不住性子的問道：「青蛙呢？」爸爸聳聳肩說：「哇！你說話把它嚇跑了！」，就這樣三個人沿著大路的兩旁左邊找找，右邊瞧瞧，來回四個小時的路程，兩個人竟然自己走完。

最後一小段還能來個全力衝刺，就在快要走到飯店門口時，我在後面看到弟弟的腳步好像有些兒不穩，繞到前面一看，才發現他已經累得邊走邊打瞌睡，爸爸一把他抱起身，他立刻伏在肩膀睡著了，小新爸這種靈活的腦筋實在讓我好生佩服。

ㄟ……青蛙，呢？

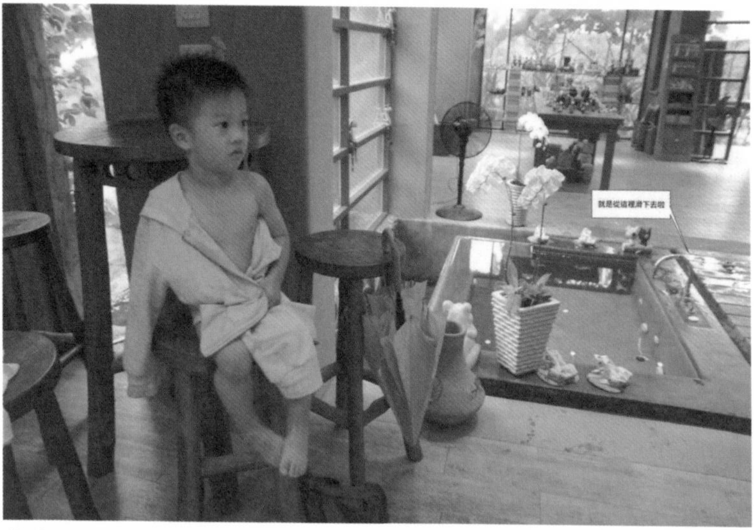

爸爸是文文心中的超人！

爸爸救了我一命

當了幾年的爸爸後，我老公已不像當年那樣天兵，還因為身手矯健，成為小孩心目中的英雄。

有一回我們到苗栗著名的景點『天空之城』，那天屋外下著濛濛細雨，我們坐在裡頭喝著下午茶，吃點心，非常愜意，待雨停了後，我們大手拉小手到藝品店逛逛。

甫進門的姊姊，就被鑲嵌在地板內的大浴池吸引，我才想著要為她拍一張照片，就聽見『咚』地一聲，文文從旁邊的木棧板倒栽蔥地摔入池中，當時我的位置離他很近，近到還能看見他背向下，整個臉沒入水中，眼睛睜大一臉驚恐的模樣，可當時反應很慢的我，只來得及發出驚呼，身處另一端的小新爸卻已使出輕功水上飄的功夫，從很遠的地方飛過來，連腳都沒弄濕，一把就把弟弟拉出池子。

從頭到腳，連球鞋都還在滴著水的文文，被爸爸救起來後，立刻放聲大哭，我也嚇得三魂七魄都不知道飛到那，在這之後，弟弟逢人就說：「我爸爸救了我一命」。小新爸在家裡的地位更是節節上升，有幾次我幾乎要看見他頭上出現光環了呢！

有趣的時光

看到這裡，一定會有很多抱怨爸爸不會帶小孩的媽媽出來抗議說：「能夠這樣做，是因為小新爸的個性使然。」沒錯，確實或許因為他雙子的個性讓他興趣多元，可是別忘了，促使他這麼做的原因，是因為他想要親近孩子的心，每一個爸爸都有自己擅長的地方，或喜好的事物，或許是和孩子玩傳接球，或許是到泳池玩玩水，孩子們真正喜歡的，並不是一個多少錢的玩具，而是和爸媽一起做某件事的有趣時光。

在孩子年紀小的時候，通常家庭的經濟都不是非常穩定，爸媽的職場職位還在好多人之下，白天的工作情緒說不累是騙人的，下了班，面對孩子玩鬧的要求，或許會因為還身處在情緒和體力雙重疲累下直接拒絕，心想：以後還多得是時間和機會，現在先讓我好好休息。

我和小新爸當然也是會有這樣低落情緒的時候，但我們總是會勉勵自己，努力地賺錢，就是因為想給孩子更好的生活（當然還有買新包包），為了替老闆賣命，而對孩子怒目相向不就本末倒置了嗎？

再說，孩子漸漸長大後，有了自己的朋友圈，想要留住他就不是那麼容易了，所以拿出搞定機車老闆的決心，和孩子一起創造屬於彼此的精彩活動吧！

推薦給爸爸

《爸爸的態度，決定孩子的高度》

作者典馥眉／雲國際出版社

雨天踢水趣！

Chapter 5

和孩子一起玩遊戲

晚上睡覺前，我常會編故事說給兩個人聽，開頭都是從有一個小姊姊和一個小弟弟開始。

我比媽媽還會畫畫

常常會在各家的網誌上，看到有好多很厲害的爸媽，會自己畫出認字卡，還能畫漫畫和孩子同樂，這讓我好生羨慕。

好動是小孩的的天性，只要把他們放進遊樂園，跑跑跳跳，玩玩溜滑梯，十個小孩有八個都能玩得很開心。可是如果把他們帶回室內，要求靜下心來，看看書，畫個畫，寫寫文章，哇，這個任務可就不是那麼容易。

但是我希望兩個小孩是宜動宜靜，可以身手矯健，也能坐下來專注地做事，就像上一章文末提到的，想要培養創造力，做事情能有條有理，應變能力等，於是，我決定拿石頭開始砸自己的腳，挑戰把不可能變可能！

一、二歲時的毛毛蟲靚精力真的很充沛，只要醒著都在動，不斷地走來走去，爬上爬下，很未雨綢繆的我，擔心以後會沒辦法靜下來學習，於是不斷地給她小小書看，只是書本的持久度有限，都只有香蕉也掰不出多長的故事，於是我想了個主意，我把她自己和家人的照片洗出來，裝成冊，這下子有趣了，竟然在書中可以看到媽媽、奶奶和最會陪她玩的咪咪姨，果然親情力量大，這小妮子開始會主動拿相本來翻閱，慢慢地看其他書籍的時間也漸漸拉長，於是，我想，這可是一個好的開始，準備往下一步邁進，只是，鄙人有個毛病實在見不得人。

拿顯微鏡來

和孩子一起在家畫畫，應該是媽媽們很常做的事，常常會在各家的網誌上，看到有好多很厲害的爸媽會自己畫出認字卡，還能畫漫畫和孩子同樂，這讓我好生羨慕，一度也很想模仿他們。無奈我的繪畫天份有經過最爛等級的認證，爛到什麼程度呢？爛到從小學到高中，所有的畫畫作業都是我爸爸幫我畫好的。

每一節的美術課我都如坐針氈，假裝認真畫畫，其實是眼巴巴地望著時針一分一秒過，就等下課時間到，立刻把畫紙收進書包，帶回家由爸爸從頭畫起，國中時候，有一段時間我阿爸被派駐在外島，當時真是晴天霹靂，不得已的情況下，只好拿去給我姑丈幫忙畫，還以為我會自己發憤自強嗎？其實我未嘗不想，但我怕隔天老師會以為我錯拿幼稚園妹妹的功課呀，到了高中除了畫畫，還要做家政作業，老師要我們剪布做玩偶提籃，人家要做六個剛好圍成一圈，我卻只做了四個，實在是圍不住，只好再讓老爸出馬，而且這回連爺爺也用上了，直接請裁縫機上陣，我唯一做到的事就是負責把它拎到學校去。

像我這樣和美術的緣份，比『好自在』還薄的人，想要以身示畫實在無能為力，如果現在要我和資靚同時畫出一個人，她畫得可是比我還漂亮。

像這種時候，專家常會告訴爸媽不要限制小孩的想像空間，要讓他盡情揮灑，最好是給他白紙一張即可，對於那些很厲害的爸媽來說這可能不是問題，但對我這樣美術天份，用顯微鏡也看不到的人來說，真的很困難。面對空白的白紙，只能畫出線條畫不出個所以然，資靚當然也是一下就失去興趣，想要再去做別的事，幸好現在有很多輔助書籍出現，配合著小故事的開端，引發靈感讓小朋友畫下去，我會邊畫邊說故事，就算圖畫畫得四不像，但因為有著故事情節來襯托，倒也成功吸引小孩的目光。

動手做一做

《蠟筆畫》

我明白有些媽媽很排斥著色本，認為在既有的線條內著色，對想像力的激發毫無幫助，但在

我的經驗裡，我認為在陪伴孩子長長的時間裡，是可以因不同的目的，使用不同的做法，比方說，在一開始我的目地是引誘毛毛蟲靚坐在桌前，畫些什麼還不在考量時，一些圖片很大的著色本就是很好的工具。

她看到認識的可愛動物，或水果自然會因為好奇多翻幾頁，這裡塗一些，那裡畫一點。等到讓她安坐下來這個目地達到，她開始喜歡畫畫後，這些著色本就可以先退位，因為這個階段的目地，已經轉變成無拘無束地創作，她眼中的物品和大膽使用顏色，於是工具的選擇就可以非常多變，比方說換上白紙配上蠟筆，塑料中空板搭配剪貼等，都能讓小朋友玩得很高興。

《蠟筆畫》應用

材料：一、紙張，最好以A4大小為主，可以放入有透明內頁的資料夾收納。

二、**蠟筆**，安全無毒當然是第一考量，剛開始畫時，小朋友不會控制力道，常常會不小心折斷畫筆，選用帶有筆管的蠟筆，可以大大提昇它的壽命，等到年紀稍長後，可以換回約五公分的短畫筆，藉此鍛鍊指尖的小肌肉。

三、**塑料中空板**是應用很廣的材料，不管是蠟筆色筆等痕跡，都能用抹布擦乾淨，可以當桌墊保護書桌，也可以當成畫布直接作畫。

《色紙馬賽克》

退位後的著色本先別急著把它打入冷宮，它可還有很多用處。例如添購一包色紙，和安全剪刀，我會讓姊弟倆依樣畫葫蘆地剪圖形，再用膠水黏上去，初期時控制剪刀的能力還很不熟練，想要一步到位，剪出像狗狗的圖案很困難，改用拼貼的方式就很簡單，像馬賽克磁磚那樣，一小片一小片，像拼圖那樣拼出來，雖然兩個人的小手會因為玩膠水弄得黏黏的，但是還是很有趣。

《色紙馬賽克》應用

材料：一、資靚是個左撇子，幫她準備左手專用的剪刀，會更容易使用。

二、添購一些可愛造型的打洞機，用力一壓掉出一朵小花，姊弟倆都覺得好神奇唷！

《黏土變變變》

同樣的圖形除了用筆畫，用剪刀剪，還可以用黏土來做。小朋友和大人不一樣，在學習新事物時，一次又一次重複的經驗，能夠刺激神經元的發展和連結，在看似相同的情境下加入一點點不同的元素，既可以藉由熟悉的經驗刺激發展，又不會一成不變，所以加入了新玩意黏土，它能桿得平平的做成平面圖案，進階版還能做出立體的物品，能夠延伸的範圍又多又廣。

比我還大的信封

積木的應用和玩法範圍超級廣，從小嬰兒能玩的軟積木到成人使用的各種形狀和顏色，說是變幻萬千絕不過分，而且毫無代溝。

積木變變變

積木的應用和玩法範圍超級廣，從小嬰兒能玩的軟積木，到成人使用的各種形狀和顏色，說是變幻萬千絕不過分，而且毫無代溝。阿宙和兩個姊弟光是拿著一盒積木，就能快快樂樂地玩上一個早上，只是男孩和女孩喜歡的玩法真的很不同，資靚喜歡做動物，粉粉的顏色拿來做長頸鹿，天鵝等確實可愛極了；文文就不一樣了，他想要做卡車、挖土機，最好是還可以加上大砲，為了滿足他的要求，我還加買了輪子的配件，讓積木小車做好以後也能全速衝刺。

在網路上有時候會看到一些新手媽媽的提問，想知道怎麼樣才能正確教導小娃娃玩積木，而不是只是拿來敲敲打打，其實這些過程都和肌肉發展有關。

在幾個月大時，小朋友很喜歡丟東西，原因就在他們發現自己竟然能做到這些事，這樣一丟就可以讓物品飛得好遠，掉到地下時還會『碰！』一聲，真是太有趣了。

玩積木的過程也是如此，從拿兩塊積木互敲，拼成長長的一條長龍，之後開始有立體概念時，才真的會慢慢拼出形體，在這個過程中，媽媽們不需要太過操心，也不要看寶寶們丟積木，就把它解讀為不喜歡玩而束之高閣，只要持續陪著孩子們一起玩，歡樂的時光才是最重要的。

《積木變變變》應用

積木的選擇隨著年紀增長，也需要跟著調整。以我的經驗來說，在我們家壽命最長的一組積木，是台灣智高所推出的幼兒趣味創意積木，正方體的

六個面都可以組裝，想要往橫向發展，或直的高塔都沒問題，更棒的是他們還有許多可以單獨購買的零件。

比方說：特殊顏色的積木方塊，機器人的關節，輪胎或是馬達，齒輪等都可以一起使用，價錢平易近人，由簡單的單一造型到可以在氣壓水動的挖土機等，是很耐玩的選擇喔！

《比我還大的信封》應用

以前小學的時候，總是很羨慕老師拿著粉筆寫黑板的樣子，天天都很期盼輪到當值日生，可以拿粉筆寫上自己的名字。

對我來說，粉筆真是種成熟假裝大人的象徵，不過，對資靚和文文來說，可就不是如此，而是超好玩的工具，利用我們家前面的水泥地變身成大畫

布，讓人身歷其境的遊戲開始囉！

《比我還大的信封》應用

這個遊戲的工具很簡單，比較困難的是去哪裡找這麼大的畫布，除了家住透天厝的媽媽們可以利用家門前的空間外，住在公寓或大樓的家庭就可能得另找出路。

因為粉筆非常好清理，如果可以徵得管委會的同意，那麼頂樓就可以是其中一個選項，又或者如果假日會到鄉下的阿公阿嬤家，也能帶盒粉筆來個全家大探險啦！

小小觀景窗

正巧家中有一台傻瓜相機要退役了，我想不如就送給資靚讓她拍個過癮，再說我很想知道她眼中的世界是什麼樣子的？

媽媽我經營部落格約莫有八到九年的時間，一開始是因為即將離開台灣到西班牙去，礙於時差和昂貴電話費，無法常常跟家人聯絡，為了讓他們可以隨時知道我的近況，三天兩頭就會發篇新文章，在網路混久了，深深明白有圖有真相的道理，也就養成了隨身帶相機四處拍照的習慣。

一直持續到小朋友出生後，反正也出不了門，在家的時候更是幾乎相機不離手，這兩個小傢伙看我老是在玩相機，自然有樣學樣，常常拿著他們自己的玩具相機，這裡拍拍那裡拍拍，後來正巧家中有一台傻瓜相機要退役了，我想不如就送給資靚讓她拍個過癮，再說；我很想知道她眼中的世界是什麼樣子的？

漸漸抓人像入鏡。

《小小觀景窗》應用

雖然現在的父母使用智慧型手機的比例很高，隨手拿了就能拍照很方便，但畢竟手機屬於高單價的產品，偶一為之當然無妨，但是除非大人可以接受手機被摔壞，而不生氣的代價，否則我認為還是交給小朋友一個專屬於他們自己的相機，會比較妥當一些，還可以順便培養責任感，和愛惜物品的心。

我把相機交給姊姊時，很慎重地告訴過她：『這是妳自己的東西，妳要好好保管跟愛惜，摔壞的話就不能用囉！』只見她小小的臉很堅定地點點頭，當然在相機上我有準備一個鍊子，可以讓她掛在脖子上，算是多一個防護的小設備。

再來就是教她如何拍照，和看相片後，我就不再插手，不管她想拍什麼主題，鞋子，人孔蓋，停車場的數字都沒關係，同樣的物品拍了好多張，甚至相機都拿反了也沒關係，所有拍的照片都會開一個資料夾儲存起來，再讓她自己來挑想要洗出來的照片，收成一冊。

有樣學樣的弟弟，當然也是得參上一腳，開始拍他的玩具車，拍自己的大臉，還曾經幫全家人拍照，每次看到他們竟然可以把所有人都裝進觀景窗，我都覺得真的好神奇呢！

《動腦玩桌遊》

乍聽到桌遊時，我腦海中浮現的第一個畫面是，一群宅男縮在黑漆漆的房間，拿著手中的紙卡對戰的樣子，儘管小新爸提了好幾次想去桌遊餐廳，我都沒有什麼興趣，後來發現有一間這樣的餐廳是開在誠品書局內，心想這個至少有書香掛保證，於是找了個假日一群人就出發啦。

說到桌遊是什麼？可能不少人會覺得陌生，其實在台灣最多人熟悉的就是大富翁，這種擺在桌上多人同樂的遊戲，在歐美發展地非常蓬勃。因為那兒地大人稀，家人聚合玩遊戲的時間和機會都很多，所以桌遊的種類五花八門。有適合小朋友練記憶的，訓練手眼協調的，大人間互相鬥志的，各式各樣的遊戲，真的玩不完也玩不膩。

更棒的是，藉著一起玩遊戲能夠增加家人共通的話題和娛樂，桌遊高級班甚至有很多專門針對數學和推理的設計，像這樣和孩子一起動動腦，常會發現，他們倆個比大人更容易進入狀況。

《動腦玩桌遊》應用

1. 桌遊餐廳內提供了許多遊戲供客人使用，有些以餐飲計費，有些則以時間為收費基準，多走個幾趟，找出大家都喜歡的幾個款式再行購買就可以。

2. 不同年紀的小朋友理解度不同，常常會有姊姊能玩，文文卻搞不懂的狀況，免不了會吵吵鬧鬧，如果只是玩樂倒無妨，可是要是想刻意用來訓練，最好是分開來，分別帶領同一個年齡的玩伴一起玩會更有趣。

自拍卻不會看鏡頭。

到兒童美術館聽故事

美術館這三個字被我望文生義解釋成需要絕對安靜，才能仔細聆聽畫家心聲的地方。

很久很久以前，我的大學同學淑華就告訴我，她在兒童美術館當志工，可以帶小朋友到那兒去玩一玩，可惜，美術館這三個字，被我望文生義解釋成需要絕對安靜，才能仔細聆聽畫家心聲的地方，心想：這兩個搗蛋鬼到那兒去一定會干擾到其他人，於是一直遲遲沒有踏入那神秘的地方，後來為了要和她借一本書，而鼓起勇氣帶著兩個小孩過去，臨出發前還不斷耳提面命，要他們小聲說話，安靜走路，後來，到了現場才發現，這根本就是為孩子打造的天堂。

美術館裡所有的藝術作品，都配合主題設計成可以直接操作，或是穿戴在身上，備在現場的剪刀，膠水，畫紙，黏土等全都歡迎小朋友自己動手玩設計，每個展場都有不同的展設品，他們兩個人玩得不亦樂乎，簡直像到了寶山一般，從此以後兒美館就成了我們的據點之一，陸陸續續參與了好幾個不同的主題遊戲，每回都會激發我的靈感，讓兩個人回到家後，又有新花樣可以一起玩，就連和朋友們相約聚會，這裡也常常是我們的第一站，先讓小朋友盡情地完個痛快後，吃飯時間就能吃得又多又快，真是一舉兩得呢！

兒美館的另一個鎮館之寶，就是非常可愛的胖叔叔，他可是個說故事高手，對情節的描述和氣氛的掌握都很精準，還會適時利用小道具讓大家會心一笑，說故事的主題除了坊間的繪本外，也有很多當地的傳統歷史，因為故事說得真的太棒了，現在連電視上也能聽到，讓因為上學，而沒辦法再到現場聽故事的姊弟倆，又有機會聽最好聽的胖叔叔說故事囉！

《自己編故事》

晚上睡覺前，我常會編故事說給兩個人聽，開頭都是從有一個小姊姊和一個小弟弟開始，講述的都是當天他們生活常規中，做得很棒和有缺失的地方，編得又誇張又好笑，這樣的用意有兩個，第一當然是提醒小規矩要做好，做的好的地方要繼續維持，另一個是因為有回在書上讀過，幫小孩溫習一天發生的事能加強記憶力，一舉兩得。

說故事的妙用還有很多，在敘述情節時，我會不斷地拋出問題，就算是熟悉到像是小紅帽的故事，都可以問他們，比如：到了奶奶家卻發現門是開著的，如果是你你會怎麼辦呢？除了激發創意外還可以訓練應變能力，這下不只是兩得，簡直就是一舉多得。

《自己編故事》應用

經過一天的工作，晚上回到家是不是會有腦袋打結，想不出故事的時候呢？我手邊常會有本記事本，或是利用手機做紀錄，只要看到適合的情節，或是想要提醒小朋友的規矩，甚至是希望帶他們去了解的地方。

比如導盲犬基金會，早療協會等，都可以事先透過故事給孩子一點心理建設和觀念，只要用一點點愛心，就能變身成寶貝心目中的說故事大師啦！

嬰兒也要求上進。

媽媽的同學，
也是兒美館的志工淑華阿姨。

耍刀弄針

廚房內還有很多不同的工作不需要用到刀，揉一小塊麵交給小孩全權處理，就能讓他們玩上好久好久。

還記得前幾節我說過高中家政課的糗事吧？！同學們的熊是怎麼縫的我不知道，但我自己縫的那一隻真是不太可愛，縫線歪七扭八，間距忽大忽小，有些部位連棉花都隱約可見，說有多蹩腳，就有多蹩腳，後來升格當媽後，成天和兩個小孩玩這個變那個，到圖書館時，常會繞到手工藝的櫃前看看有些什麼介紹。看著看著，覺得手縫不織布實在太可愛了，於是心一橫，立刻殺到書局買幾張小布來試試看。

從高中到現在，體重是增加不少，但縫線的功力依舊差到不行，做出來的東西真是上不了檯面，不過拿來騙騙小孩倒還很足夠，剪兩片黃色布就能變成香蕉，把咖啡色的布捲成一小條，再裏上粉紅布，加上幾小塊布做裝飾就成了草莓巧克力棒。到後來，兩姊弟去參加兒童圖書館演短劇時，還讓我縫出兩個可愛的熊爸爸和熊媽媽頭套呢！慢慢地布的顏色越來越多，連配色的線顏色也很齊全，作品依舊普普通通，工具箱擺出來倒是有模有樣呢。

《不織布～縫出兩隻熊》應用

1. 不織布是單價很便宜的商品，想要在和孩子一起玩時有多點的變化，最好一次將常用的顏色買齊，常見的不織布有軟和硬兩種材質，軟質布表面毛茸茸的，做起娃娃來感覺很可愛，缺點是容易起毛球，硬質布很好塑型縫起來比較紮實，通常我都是兩種搭配地用，效果比較好。

2. 縫衣針一不小心就會刺傷人，在使用時，一定要慎重跟孩子交待，養成每一次暫停都要將針插回針插上的習慣，即使偶爾插到手也不需要太小題大作。給孩子有限度

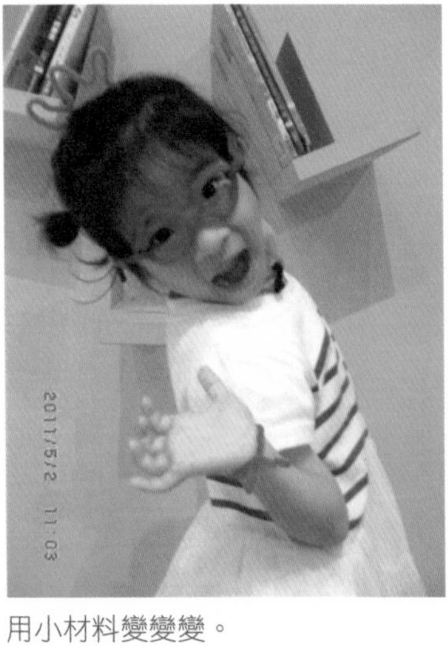

用小材料變變變。

地使用帶有危險性的物品，會讓他們覺得很受到爸媽的信任，表現得更棒！

《當個小廚師》

和針一樣危險的是菜刀，但相同的，只要使用得宜就沒有問題，不過一開始讓小孩進廚房時並沒有直接動刀，那時候他們實在太小了，就算是拿水果刀也沒力氣，所以我們是從剝大蒜和榨柳丁汁開始的，只是做菜這件事對資靚來說實在沒有太大吸引力，對貪吃文就不一樣了，他因為太愛吃，愛到一看到吃的東西，不管是剛從冰箱拿出來，或是還沒下鍋，都是一眼瞧見嘴巴就忍不住動呀動的想要吃，於是，這種做出好吃食物的第一線他當然不可以錯過，甚至還說他好喜歡油鍋熱了後倒下食物發出的聲音呀。

《當個小廚師》應用

1. 在小手還拿不穩刀子時，廚房用剪刀便是很好的替代工具，剪剪蔥花或是玉米筍等都沒問題，果醬刀也是一種替代工具，若開始用刀後，最好是挪到餐桌桌面比較大的地方，穩固會更容易操作。

2. 廚房很多工作不需要用到刀，如麵食，揉一小塊麵團給小孩，就能讓他們玩上好久好久。

帶著帳篷露營去

據說，在露營界有個傳說，那就是新帳篷第一次出發的那一天，通常都會下雨。

資靚和文文看了一部電影，裡面的主角們總嚷著走出戶外去探險，於是姊弟兩個人手牽著手來跟爸爸許願，希望可以去露營。這項提議打開了雙子爸的雙重開關，一、是可以光明正大研究起新主題，購買新裝備，整個晚上逛遍相關網站，又是研究又是紀錄的；二、是重溫一直是男童軍的美好回憶，於是整好了裝備，大自然我們來也。

行前我們廣發邀請卡，希望親朋好友一起來，人多熱鬧也好辦事，沒想到，大家面有難色的紛紛婉拒，理由很多，從沒辦法躺在地上睡覺，洗澡沒熱水，晚上沒電視會很無聊等，看來他們對露營的印象都還停留在古早時期，現在的營地普遍環境乾淨，風景特別秀麗，衛浴設備齊全，還有電力能夠滿足臨時的需要，硬體的設備只要行前準備好，雖然不敢掛保證會非常舒適，但應該不會太難過，倒是有一點，我的確可以掛保證，那就是露營能做的事實在太多了，絕對不會無聊，尤其對小朋友來說，更是如此。

綜合遊戲

基本上，我覺得一場露營活動，就像是一次大型的綜合遊戲，可以把我們在家分批分批的親子活動集合起來，藉著規劃和整理行李，還能用好玩的方式，培養按部就班的執行力，我拿著檢查表讓姊姊核對『哩哩扣扣』的大小物品，要把食、衣、住、行還有玩樂的部分都準備妥當，不細心一點可是不行的呢。

每種營地都有自己獨特之處，有些是很寬廣的草原，有些則可以眺望整個波光粼粼湖面，還有些能夠居高臨下，欣賞雲霧繚繞的雲海，每個地方都因為親臨大自然而讓人心曠神怡，抵達營地後，第一件事通常是把戶外豪宅帳篷給就定位，這種需要家人齊動手的事情最好玩，兩個人爭相要當第一助手，一個拿營釘一個拿槌子亦步亦趨地跟著爸爸轉，這種年紀的小朋友最喜歡聽到『你負責』這句話，不管是鋪睡袋，擺椅子，固定營柱，通通都能做得非常快，雖然還是需要我在後面偷做一手，不過等到一切擺設完成，就能開始大玩特玩囉！

據我的觀察，像這樣搭好營的午後，還真是個難得的悠閒時光，少了身處都市中時間，和瑣事的枷鎖，總是在家中團團轉的我終於也可以有舒服坐在椅子上，什麼事都先不用管的輕鬆感。

看看周邊其他的家庭也是如此，有父子檔的傳接球，羽毛球隊，飛盤組，小孩就不用說了，就連總是綁在繩子上的狗兒，也能自由自在的奔跑，很少有機會跟到學校，看看孩子玩球的媽媽們，常會發出驚呼聲，可以玩的事情真的不少，像是風大一些的地方能夠放風箏，帶個打氣桶就能用氣球變出小狗和寶劍，夜裡拿著手電筒找個好方位看星星，湊幾個人還能玩桌遊廝殺一下，好玩的事真的多到數不清呀。

露營界的傳說

據說，在露營界有個傳說，那就是新帳篷第一次出發的那一天，通常都會下雨，本來我們在看各家分享心得時，還覺得有點誇大之詞，心想哪裡有這麼常下雨？又不是要去倫敦露營是吧？沒想到後來隨著預定好的時間接近，氣象雲圖中的雲層也漸漸靠近，靠近到已經掩蓋整個島嶼，這下還真有點進退兩難，一方面倆姊弟已經期待了好久好久，就連要帶去的玩具也早就選好，小新爸更是個愛雨控，只要出門旅遊看到雨天，都會忍不住高興到熱淚盈眶的地步，可是另一方面，我實在也很擔心，帳篷撐不住雨勢，會發生小時候那樣睡到一半帳篷都漂走的慘事，只是在這樣三比一的情況下，我們還是照著原訂計畫朝南投出發。

首露的營地是很多人推薦，位在水里的天時農莊，據主人家宋莊主的說明，是因為鄰近有個『地利村』和『人和村』，於是他想那麼就來個『天時』，這下就很完美啦。

果真到了營地後，確實是個世外桃源，紮營的地方是位在群山間的山谷，綠油油的草原，和一旁樹蔭下的區域任君選擇，抬頭一望，原本離我們好高好高的山嵐已經近得就在眼前，趁著還有陽光，我們先趕忙搭好了帳篷，確定沒問題後，立刻四處在營區內探險。

在這個農莊內，除了大自然的美景外，莊主也花了很多心思來佈置，在另一區，甚至還有民宿區，像這樣貼心的服務，讓真的不方便睡睡袋的老人家也能安心同遊，逛了一圈後，不妙的滴滴答答聲音開始響起，四個人拿著雨傘火速衝回帳篷內，抱著測試新帳能力的樂觀態度，一行人趁機放心地睡午覺，完全一付天塌下來也有帳篷頂著的氣魄。

就這樣兩天一夜的時間裡，雨下下停停，我們就這樣雨停看星星，下雨躲帳內喝咖啡，隔天一早起床，還和互不熟識的營客們開始串門子聊天，互相交流搭帳篷的心得，像這樣少了3C產品的阻隔，人和人的距離也越來越近囉！

有了第一次的美好經驗，我和小新爸訂下了帶著帳篷露營全台灣的心願，要是在各個營地看見我們，可一定要來打招呼唷！

文文的觀察力很敏銳，常常問一些動物自然界的問題，問得我無力招架，但也因此讓我長了不少知識，大家一起來動動腦吧！

番外篇
文文的大哉問

文文的觀察力很敏銳，常常問一些動物自然界的問題，問得我無力招架，但也因此讓我長了不少知識，大家一起來動動腦吧！

Q1：請問河馬住在水裡卻是草食性的呢？

Q2：為什麼有些動物是從屁股生出來，我卻是先裝在媽媽肚子裡呢？

Q3：為什麼有些動物會流血，有些卻不會呢？

Q4：為什麼貓咪不住在水裡卻喜歡吃魚呢？

Q5：蝸牛是卵生還是胎生呢？

Q6：是什麼決定恐龍要當草食性還是肉食性的呢？

答案

A1：河馬是兩棲類的哺乳動物，白天大多時間都泡在水中，居住在沼澤或河邊，晚上則會到草地上覓食，因為大多時候我們都是在動物園中看到泡水的河馬，比較不容易觀察到用餐的樣子呢。

Ａ２：這個問題的答案很簡單，但要怎麼解釋讓他理解卻很難，雖然他看過自己出生的影片，也用正確的名稱告訴過他，但目前他自己的版本是從縫縫中溜滑梯出來的，呵。

Ａ３：這個問題解釋起來很複雜，簡單地來說，血液的主要功能在輸送氧氣，主要成份是血色蛋白，血液的顏色就是由它決定，因為所含的化學原素不同使得顏色有紅色、藍色和綠色，而極少數的動物是依靠特殊的呼吸器官來完成氣體交換，所以血液內沒有血色蛋白而成無色的，所以其實並不是有些動物不會流血，而是不會流出紅色的血唷。

Ａ４：貓咪是雜食性動物，並不會特別喜歡吃魚，只是最早開始飼養貓的民族是埃及人，常把貓咪養在船上補捉老鼠，順手便會把魚肉也丟給他們吃，長期下來造就貓咪喜歡吃魚的印象，不過科學家也提出一個研究，表示貓咪吃魚和老鼠確實有它的原因，因為貓咪是夜行性動物，但牠體內並沒有牛磺酸這種提高夜視能力的必備物質，而老鼠和魚體內卻有豐富的牛磺酸，所以順便問一句那麼如果我們人類也想夜晚眼睛亮晶晶就要多吃……魚！應該不會有人選老鼠啦？

A5：大部份的蝸牛都是卵生，不過也有一些種類是屬於卵胎生，補充問一題，你知道牠們是怎麼進食的嗎？它們是利用軟體動物特有的齒舌刮食，看起來像把食物整個包裹住後捲入食道後再進入胃袋，非常特別喔。

A6：主要是由牙齒的結構和形狀來決定動物的食性，肉食性的牙齒較尖銳適合撕開肉塊，草食性則需要平和寬的臼齒來幫助它們大量咀嚼粗糙的葉類，為了配合消化，就連體內的腸子長度也不同，因為肉類易腐壞所以消化過程比較快，腸子長度是身體的三倍，草食性動物則有十倍長，那麼像我們人類也就是雜食性動物又是怎麼樣的呢？當然就是位於中間，腸子約是身體的四到五倍長，具有比較鈍但還是能撕開肉類的犬尺和較方正且上下臼齒能精確的對準咬合，一般來說雜食性的臼齒都相當堅硬，這是因為需要承受上下咬合的力量所致。（引用自國立自然科學博物館網頁資訊）

Postscript 後記

其實在剛剛結婚之初，我曾有過一段抑鬱的日子，那是一種來自長輩失望的眼光，和對自己期許的落差，在很多人的眼裡，家庭主婦是種沒路用的工作，少了名片上的頭銜好像人的價值也跟著消失，有一回我先生擔任司機帶著我去和翻譯的案主碰面時，對方直接跳過走在前方的我和殿後的他握手，渾然不覺這是男女本質上的一種歧視，那次的經驗讓人很不舒服也給了我很大的震撼。

在基進女性主義者的想法中認為，女人擁有的生育能力是造成受迫害的原因，因此法爾史東提出應該由人工生殖取代自然生殖，藉由不需要經歷妊娠、生育和哺育的過程，來達到男女平等和平權，我自己對於這樣的主張雖是不完全認同，但是上述的因素確實使得女性必須因此對生涯計畫做出調整或重新規劃，在很多描寫母女關係的西洋文學作品中，更是不乏有母親對著兒女抱怨因為生了小孩而失去離開家鄉到大城市一展長才的機會。

媽媽們把對夢想成空的遺憾和對現實生活的不耐投射到孩子身上，造成往後兒女自覺不受珍愛及對婚姻子女的恐懼，這些描寫母親情緒心理的問題並非空穴來風，在我的周遭就有許許多多的媽媽朋友，雖然也是真真切切地愛著寶貝們，可是卻還是不免對於家庭主婦地位低一等，沒有薪水，又少了自我，這些種種感受埋怨不已。

不會抹滅你原有的才能，興趣和專長

如果你喜歡烹飪，那麼成為媽媽後，你能做出最棒的嬰兒食品，如果你喜歡做生意，那麼廣大的市場在網路上等著你，如果你喜歡畫畫和寫作，持續而認真地創作是不二法門，如果你在還沒發現自己喜歡什麼時就成了母親，那真是太棒了，恭喜你得到以成年人的智慧和孩童最純真清澈的雙眼去重新認識這個世界的機會，原本只是辦公室內窗景的一小格藍天擴展成無數個嬉戲奔跑的午後時光，拿回被工作支配的冗長時間，去研究和認識新的事物，在朋友來訪時端出一壺現泡的水果茶，摘下一把自己種的香草磨細了入菜，享受一下被當做達人的欣羨眼光，最重要的是找回喜歡自己的理由和原因。

曾經在某本書的前言中看到作者寫道：「這裡要特別提到我的太太和孩子，要不是因為他們，這本書早在兩年前就完成了。」這段話真是讓我捧腹大笑又心有慼慼焉，寫作的期間我每天都只能趁著孩子睡著的一兩個小時拼命構思，一方面有點擔心會因為他們而延誤交稿期限，一方面卻也明白，要不是因為這些小故事我也不會得到寫作分享的機會。

因此，我必須改寫成：「這裡要特別感謝我的所有家人們，要不是因為他們這本書就毫無誕生的機會，也要謝謝出版社辛苦的工作同仁，在大熱天出門外拍的攝影師Apple，最後要特別感謝選購本書的你們，期盼下本書再會了。」

親子雲 03

出 版 者／雲國際出版社
作　　者／孫韻嵐
總 編 輯／張朝雄
封面設計／黃聖文
排版美編／YangChwen
內文插畫／Even
出版年度／2013年8月

快樂的孩子最富有

郵撥帳號／50017206 采舍國際有限公司
（郵撥購買，請另付一成郵資）
台灣出版中心
地址／新北市中和區中山路2段366巷10號10樓
北京出版中心
地址／北京市大興區棗園北首邑上城40號樓2單元709室
電話／（02）2248-7896
傳真／（02）2248-7758

全球華文市場總代理／采舍國際
地址／新北市中和區中山路2段366巷10號3樓
電話／（02）8245-8786
傳真／（02）8245-8718

全系列書系特約展示／新絲路網路書店
地址／新北市中和區中山路2段366巷10號10樓
電話／（02）8245-9896
網址／www.silkbook.com

快樂的孩子最富有／孫韻嵐著. -- 初版. -- 新北市：雲國際, 2013.07
面；　公分
ISBN 978-986-271-387-7 (平裝)
1. 親職教育
528.2　　102012613